ÊTRE PARENT,

mode d'emploi

**Catalogage avant publication
de Bibliothèque et Archives Canada**

Renaud, Hélène

   Être parent, mode d'emploi

   3e édition

   (Collection Famille)

   ISBN 978-2-7640-1415-8

   1. Éducation des enfants. 2. Parents et enfants. 3. Actualisation de soi chez l'enfant. 4. Enfants – Développement. I. Gagné, Jean-Pierre, 1961-   . II. Titre. III. Collection: Collection Famille (Éditions Quebecor).

   HQ769.R432 2009   649'.1   C2008-942148-5

Dépôt légal: 2009
Bibliothèque et Archives nationales du Québec

Pour en savoir davantage sur nos publications,
visitez notre site: www.quebecoreditions.com

Éditeur: Jacques Simard
Conception de la couverture: Bernard Langlois
Photo de la couverture: Istock

Imprimé au Canada

DISTRIBUTEURS EXCLUSIFS:

• Pour le Canada et les États-Unis:
  MESSAGERIES ADP*
  2315, rue de la Province
  Longueuil, Québec J4G 1G4
  Tél.: (450) 640-1237
  Télécopieur: (450) 674-6237
  * une division du Groupe Sogides inc.,
  filiale du Groupe Livre Quebecor Média inc.

• Pour la France et les autres pays:
  INTERFORUM editis
  Immeuble Paryseine, 3, Allée de la Seine
  94854 Ivry CEDEX
  Tél.: 33 (0) 4 49 59 11 56/91
  Télécopieur: 33 (0) 1 49 59 11 33

  **Service commande France
  Métropolitaine**
  Tél.: 33 (0) 2 38 32 71 00
  Télécopieur: 33 (0) 2 38 32 71 28
  Internet: www.interforum.fr

  **Service commandes Export –
  DOM-TOM**
  Télécopieur: 33 (0) 2 38 32 78 86
  Internet: www.interforum.fr
  Courriel: cdes-export@interforum.fr

• Pour la Suisse:
  INTERFORUM editis SUISSE
  Case postale 69 – CH 1701 Fribourg –
  Suisse
  Tél.: 41 (0) 26 460 80 60
  Télécopieur: 41 (0) 26 460 80 68
  Internet: www.interforumsuisse.ch
  Courriel: office@interforumsuisse.ch

  Distributeur: OLF S.A.
  ZI. 3, Corminboeuf
  Case postale 1061 – CH 1701 Fribourg –
  Suisse

  Commandes: Tél.: 41 (0) 26 467 53 33
  Télécopieur: 41 (0) 26 467 54 66
  Internet: www.olf.ch
  Courriel: information@olf.ch

• Pour la Belgique et le Luxembourg:
  INTERFORUM editis BENELUX S.A.
  Boulevard de l'Europe 117,
  B-1301 Wavre – Belgique
  Tél.: 32 (0) 10 42 03 20
  Télécopieur: 32 (0) 10 41 20 24
  Internet: www.interforum.be
  Courriel: info@interforum.be

Gouvernement du Québec – Programme de crédit d'impôt pour l'édition de livres – Gestion SODEC.

L'Éditeur bénéficie du soutien de la Société de développement des entreprises culturelles du Québec pour son programme d'édition.

Nous reconnaissons l'aide financière du gouvernement du Canada par l'entremise du Programme d'aide au développement de l'industrie de l'édition (PADIÉ) pour nos activités d'édition.

Hélène Renaud et **Jean-Pierre Gagné**

ÊTRE
PARENT,
mode d'emploi

3e édition

LES ÉDITIONS
Quebecor
Une compagnie de Quebecor Media

FORMATIONS ET CONFÉRENCES

Nous offrons tout au long de l'année des formations, des conférences et des ateliers. Ils s'adressent aux individus, aux organismes, aux entreprises, aux écoles, etc.

Voici quelques commentaires de parents qui ont suivi notre enseignement:

« Ceci devrait être enseigné aux parents avant même qu'ils aient leurs enfants. Il devrait être obligatoire pour tous les parents. »

« Les pistes données dans ce cours, nous pouvons les appliquer dans toutes nos relations. »

« J'ai constaté que les enfants développent rapidement l'estime de soi. Les techniques nous y guident. »

« Contenu très varié et complet, c'est vraiment du concret. C'est ce que nous vivons tous les jours. »

« Présentation vivante, dynamique, beaucoup de contenu. »

Pour connaître la teneur de nos services, pour participer ou pour organiser des conférences, des cours ou des ateliers, composez le (450) 461-2401 ou visitez notre site Internet

www.commeunique.com.

DES MÊMES AUTEURS CHEZ LE MÊME ÉDITEUR

8 moyens efficaces pour réussir mon rôle de parent

Préface

Bienvenue dans l'univers de Jean-Pierre et Hélène !

Depuis des décennies, vous vous êtes épuisé à chercher des livres traitant du plus vieux métier du monde : être parent !

Nous avons beau mettre toutes les heures, toute l'énergie, tout notre cœur à ce métier qui demande d'être présent 24 heures sur 24. Mais...

Cessez de fouiller ! Jean-Pierre et Hélène vous ont concocté le trésor que vous cherchiez.

Un livre... Non.

Une recette... Non.

Un miracle... Ah ! Ah ! Non plus.

Quoi alors ?

Le respect du parent et de l'enfant.

Il suffisait d'y penser ! Avant de comprendre nos enfants, pourquoi ne pas se comprendre soi-même...

Bien dit, me direz-vous ! Maintenant, comment y arriver ?

En prenant plaisir à apprendre, je prends en charge mon propre bien-être. J'apprends la complicité, je prends ma responsabilité.

Qu'est-ce qui me nuit ?

N'hésitez pas ! Vous découvrirez huit façons de répondre aux besoins vitaux de vos enfants, ainsi que l'acceptation.

Les limites font partie du bagage humain, vous diront les auteurs de *Être parent, mode d'emploi*.

Des moyens concrets, votre vécu, quoi ! Un enseignement à votre mesure, teinté d'amour, de respect et, surtout, d'expériences que Jean-Pierre et Hélène veulent partager avec vous, afin que le plaisir s'installe dans le quotidien de votre rôle de parent.

Voilà ce que vous serez à la suite de cet enseignement privilégié : un parent fier d'être parent.

Claire Pimparé

PROLOGUE

Pour éviter les « Si j'avais su ! »

Si je me consacre depuis sept ans à la recherche et à la création de cours pour rendre les parents plus conscients et leur transmettre des connaissances, ce n'est pas le fruit du hasard. Cette quête me vient d'années de souffrances : culpabilité, impuissance, peurs de toutes sortes pour mes enfants.

J'ai constaté avec stupeur, à l'âge où ils ont atteint sept et neuf ans que, malgré toute l'ardeur que je mettais à prendre soin d'eux, chacun à sa façon vivait des souffrances. Les causes de leurs difficultés personnelles ou relationnelles m'échappaient.

Alors qu'impuissante je les regardais vivre leurs difficultés et que je m'apitoyais sur leur sort, je me suis rendu compte que leurs souffrances avaient la même coloration que les miennes. Moi aussi, je vivais ces mêmes difficultés. De par ce que je suis, je leur avais transmis ces façons d'être. En observant mieux, j'ai réalisé que j'avais aussi intégré ce que mes parents m'avaient transmis et leurs parents avant eux. Un amour limité. Ce qui nous rendait inaptes à vivre heureux et à nous épanouir véritablement.

Je ne me rendais pas compte que certaines de mes interventions, que je voulais si aidantes, leur nuisaient au plus haut point. Si j'avais su que cela les atteignait, jamais je n'aurais agi ainsi. Si j'avais su où cela les atteignait et comment faire, j'aurais apporté de nombreux changements. Je voulais mieux comprendre et trouver des moyens de sortir de ces difficultés, occasionnées par des comportements inadéquats envers moi (ce que je n'avais pas constaté au départ) et envers mes enfants.

J'aimerais que vous vous arrêtiez quelques instants pour vous remémorer le moment de la naissance de chacun de vos enfants. À ce moment, n'avez-vous pas ressenti un amour inconditionnel pour lui, un amour sans bornes ? Dans l'illustration qui suit, cet amour, qui n'est pas limité, est représenté par des rayons qui peuvent s'étendre à l'infini.

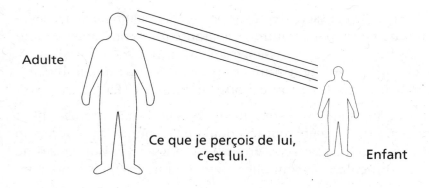

Adulte

Ce que je perçois de lui, c'est lui.

Enfant

La difficulté, c'est que nous sommes souvent affectés par les comportements de nos enfants. Même si nous sommes conscients de cet amour sans limites, il est bloqué. Nous ne pouvons l'exprimer à sa mesure. L'amour que je transmets à mon enfant est donc limité. Je ne peux le voir, lui, avec amour, puisque, entre lui et moi, il y a ce qui m'affecte : ses colères, sa non-écoute, son désordre, ses travaux scolaires mal faits, son manque d'intérêt... Pourtant, c'est le même enfant que j'ai aujourd'hui devant moi.

Selon notre vécu antérieur, selon les éléments qui nous ont le plus atteints, nous bloquons inconsciemment cet amour envers notre enfant.

Tel Antoine, père de deux garçons, qui harcèle ses fils à l'heure des repas, exigeant d'eux qu'ils aient un comportement irréprochable. Le père d'Antoine, exaspéré par l'agitation de son

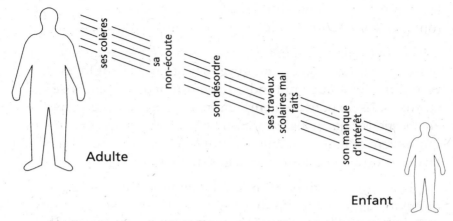

**Ce que je perçois de lui, ce sont mes attentes non comblées,
ses attitudes et ses comportements dérangeants.**

fils (alors âgé de cinq ans) à table, lui avait mis le visage dans son bol de soupe chaude, ce qui l'avait « marqué ». Aussi, de par son attitude intolérante, il « marque » aussi ses enfants aujourd'hui. Dans ces moments, ils ne peuvent se sentir aimés. Ils en souffrent tous les trois.

Telle Valérie, mère d'Émilie, âgée de neuf ans, qui, à l'heure des travaux scolaires, ne tolère aucune faute d'orthographe et exige un travail impeccable, même si cette période se transforme en champ de bataille. À ce même âge, on l'avait forcée à écrire de la main droite, alors qu'elle avait déjà appris de la main gauche. Cela l'avait révoltée et elle en avait été grandement « atteinte ». Aussi, ses réactions sont-elles « teintées » de cette blessure passée. Elles en souffrent toutes les deux.

Telle Élyse, mère de Marc-André, qui, par orgueil, met beaucoup de pression sur lui, tout comme on en a mis sur elle dans son enfance ; c'est ce qu'elle se fait encore vivre aujourd'hui. Si Marc-André n'en prend pas conscience et ne s'en guérit pas, il transmettra aussi cette souffrance à ses enfants.

La raison pour laquelle nous avons autant d'influence sur nos enfants est qu'ils sont pur amour, ouverts et dépendants. On sait inconsciemment qu'avec leur « pure bonté », peu importe la gravité de ce qu'on peut leur faire vivre, ils ne nous rejetteront pas, comme un ami le ferait pour moins que ça.

De par leur peu d'expérience, leur naïveté, leur façon de percevoir les choses, les enfants gobent tout de l'adulte et peuvent difficilement comprendre le pourquoi de certaines de nos attitudes. Ils ne peuvent comprendre nos intentions et remettre en question ce que nous leur transmettons. Les quelques exemples qui suivent démontrent leur inaptitude à saisir avec réalisme des façons d'être ou certains messages de l'adulte.

Telle Julie, intriguée par les changements d'attitude de sa mère qui la gratifie maintenant avec enthousiasme : « Je trouve que depuis que tu suis tes cours pour parents, tu parles drôle ! »

Tel le petit Francis qui, accourant auprès de son père, lui transmet à sa façon la conversation téléphonique entendue de sa mère : « Papa, papa, le système "de larmes" de grand-maman a sonné parce qu'un voleur est entré chez elle. »

Telle Laura, âgée de onze mois, qui, lançant ses pâtes sur le mur, est persuadée de provoquer les rires.

Nous ne sommes pas coupables, puisqu'on nous a aussi transmis un amour limité à un âge où nous ne pouvions prendre conscience de ce qu'on nous transmettait. Cependant, aujourd'hui, nous sommes responsables de réévaluer nos façons d'être envers nous-mêmes et nos enfants, qui nous apportent mal-être, frustration, conflit, impuissance et colère. Faisons-le pour nous, pour eux.

Voici d'autres raisons qui nous poussent à agir ainsi :

- On nous a transmis, en nous le faisant vivre, qu'un adulte peut employer son pouvoir sur un enfant, profitant ainsi de sa position d'autorité. Qu'il peut le contrôler, le traiter comme s'il était quelque chose ; parce qu'il est jeune, il oubliera ce qu'on lui fait vivre. Tout comme les générations précédentes, nous lui faisons peur, nous le culpabilisons pour qu'il change. Avons-nous oublié qu'un enfant est une personne ? En vous adressant à votre enfant sur un ton agressant, observez-vous : parlez-vous sur ce ton à votre ami qui, par exemple, laisse aussi traîner un verre sur votre comptoir ?

Tout s'enregistre dans le subconscient. L'enfant se fera vivre ce que vous lui avez fait vivre et, par conséquent, le fera vivre aux autres. Par exemple, s'il a ressenti du rejet, il se rejettera lui-même, se fera vivre du rejet et rejettera les autres. Vous l'avez traité d'égoïste, d'irresponsable; lui-même se définira ainsi et se comportera en égoïste et en irresponsable, avec toutes les difficultés et les souffrances que cela implique, pour vous, pour lui et son éventuelle progéniture.

- On n'a pas comblé tous nos besoins. Un besoin étant vital, l'individu développe des dépendances. En manque d'un besoin vital, je transmets à mes enfants les mêmes manques, donc les mêmes souffrances. Il me faudra changer pour être un nouvel exemple.

- La plupart d'entre nous n'ont pas appris autre chose. Nous manquons de moyens qui coïncident avec nos valeurs profondes. Si vous n'êtes pas vigilant, si vous n'apprenez pas autre chose, vous perpétuerez ces façons d'intervenir irrespectueuses envers vos enfants.

Pour que mon enfant perçoive le degré d'amour que j'ai envers lui et qu'il s'aime autant, il faudrait que moi aussi je m'aime avec cette même intensité, afin de pouvoir lui transmettre cet amour. Mais on m'a aussi aimée avec des limites. Si mes parents avaient su!

Je suis très touchée par le fait qu'avant tout, ce sont les parents qui souffrent de ne pouvoir transmettre tout naturellement leur amour dans leurs interventions et leurs attitudes envers leurs enfants.

Après tant d'années à côtoyer des parents, je constate que la majorité d'entre eux, tout comme moi avant et parfois encore aujourd'hui (il est long et difficile de sortir de certains engrenages ancrés en nous), ont des comportements inhumains envers leurs enfants parce qu'ils ont des comportements inhumains envers eux-mêmes et parce que leurs parents avaient des comportements inhumains envers eux. On nous a brimés. On a fait passer des objets et des valeurs axées sur l'extérieur avant nous. Quel parent n'a pas brusqué son enfant, n'a pas fait une colère pour un dégât ou, par orgueil, n'a pas brimé son enfant dans son être pour bien paraître ou garder une image... Si vous l'avez fait, il vous est difficile de sortir de cet engrenage. Je crois qu'il est anormal que de tels comportements se perpétuent. Rien n'est plus loin de l'amour que de donner la priorité à des valeurs axées sur l'extérieur.

Mon propos vous semble peut-être négatif; il l'est. Que nous a-t-on donc transmis? Depuis quand souffrons-nous autant pour transmettre cela à nos enfants que nous aimons tant? De quoi avons-nous tant manqué? De démonstrations inconditionnelles d'amour. Si nous avions reçu l'amour, nous le transmettrions tout naturellement. Il nous faut donc réapprendre. La solution consiste à se reprogrammer, à mettre la priorité sur l'essentiel: **la personne**. De grâce, faites-le pour votre bien-être d'abord, puis pour celui des générations qui vous suivent.

En se posant la question: « Est-il possible à un parent de réapprendre et de récupérer certaines erreurs passées? », nous avons découvert et expérimenté des moyens de le faire. De nombreux parents l'ont fait avec nous et ça fonctionne. Tout ce qu'il vous faut, c'est suivre ce guide, être patient, persévérant et garder espoir.

Hélène Renaud

On dit de certains parents qu'ils sont héroïques. Je lève mon chapeau à ma mère, pour le modèle de dévotion envers moi dont elle a témoigné… Avec tout « ce qu'elle savait ». Elle a tout donné. Ce qui m'a permis, avec tout « ce que je sais », d'en faire autant.

Avec toute ma gratitude,
Ta fille Hélène

AUX INTERVENANTS

Enseignants, éducateurs et spécialistes travaillant auprès des enfants :

Que vous ayez choisi de travailler auprès des enfants n'est pas qu'un choix mais une vocation. Vous êtes les jardiniers de bourgeons à éclore. Tout comme les parents, vous jouez un rôle de premier plan auprès des jeunes que vous côtoyez.

Votre tâche n'est pas de combler leurs besoins ; elle incombe aux parents. Cependant, ces nouvelles connaissances peuvent grandement vous faciliter la tâche. Elles vous permettront de mieux comprendre les comportements inadéquats des enfants et de pouvoir les aider et les soutenir, au lieu de les juger et de les ancrer davantage dans ce déséquilibre.

Cet ouvrage est un guide indispensable à tout intervenant qui désire obtenir plus de connaissances afin de devenir un meilleur agent d'aide et de rendre plus efficaces ses interventions auprès des jeunes.

INTRODUCTION*

Ce livre constitue un mode d'emploi pour permettre à votre enfant de se réaliser pleinement, de s'épanouir et de développer son plein potentiel. Il vous aidera à atteindre cet objectif et, par conséquent, à régler plusieurs difficultés sur le plan relationnel.

Par son approche, cet ouvrage vous permettra aussi de mettre un frein à ces manques affectifs et à ces souffrances qui, malgré les meilleures intentions du parent, ont tendance à se perpétuer de génération en génération.

Grâce à ces nouvelles connaissances, vous comprendrez mieux les raisons qui motivent les comportements inadéquats de vos enfants, ce qu'ils attendent de vous et la nature de leurs véritables besoins.

Vous trouverez dans ce livre :

- un guide pratique pour nourrir vos enfants dans leurs besoins les plus fondamentaux, ce qui constitue la base du rôle global du parent ;

- des clés importantes et concrètes pour récupérer, c'est-à-dire pour vous reprendre si, pendant un certain temps, vous avez soit transmis vos manques à vos enfants, soit appliqué en négatif ce qui aurait dû se vivre de manière positive et que, par conséquent, votre enfant a développé des comportements qui vous font souffrir tous les deux ;

---

*   Afin de ne pas alourdir le texte, seul le masculin a été employé. Cet ouvrage s'adresse toutefois aussi bien aux femmes qu'aux hommes.

- un autre guide pour l'adulte ; vous y découvrirez les pistes de base pour vous nourrir dans vos besoins et pour offrir un modèle positif de ce que vous aimeriez que votre enfant développe. Si vous n'intégrez pas les forces et les qualités que vous aimeriez que votre enfant développe, vous ne pourrez pas les lui transmettre adéquatement.

Pour retirer le maximum de la lecture de ce livre, il est essentiel de bien comprendre ceci : quand un enfant développe un comportement inadéquat, il est en manque. Le piège, c'est de le considérer comme un être méchant, manipulateur ou malintentionné. Ce phénomène a pour conséquence de nous irriter, de nous impatienter. Nous faisons des colères, nous l'accusons, nous le jugeons, nous mettons de la pression pour qu'il change, etc. Par ces réactions, nous alimentons chez lui cet état qui nous affecte.

Un enfant colérique, jaloux, paresseux, etc., n'est pas méchant ; il souffre. Un enfant triste, peureux, qui manque d'intérêt, de confiance en lui ou d'estime personnelle n'est pas malintentionné ou inadapté ; il souffre. À nous de découvrir ce qui l'affecte et de lui apporter une complicité adaptée à son manque.

Tout comme la douleur physique est nécessaire pour localiser une blessure ou un trouble organique, pour être en mesure de soigner adéquatement la partie affectée, les comportements inadéquats des enfants constituent des signaux d'alarme. À l'aide d'un questionnaire ciblé, vous pourrez établir clairement de quoi il souffre et, par la même occasion, découvrir aussi l'origine de vos souffrances. Votre réponse à ces signaux déterminera votre aptitude à sortir de certaines souffrances et à permettre à votre enfant d'en faire autant.

Bonne lecture !

CHAPITRE 1

L'IMPORTANCE DE COMBLER LES BESOINS

Ce qu'est mon enfant ou ce qu'il deviendra a beaucoup d'influence et de répercussions sur moi. D'abord, il est mon miroir. Mon enfant, miroir le plus pur de ce que je suis, est là pour me guérir ou pour me tourmenter : à moi de choisir. Il vient me secouer, me démontrer ce qui ne va pas en moi ; me montrer où sont mes manques d'amour envers moi ou envers les autres. Trois choix s'offrent à moi.

Je peux ne rien voir et considérer mes difficultés ainsi que celles de mon enfant comme une malédiction contre laquelle je ne peux rien et espérer que cette difficulté se réglera seule.

Je le rends responsable de ces difficultés ; je ne me remets pas en question. Je n'effectue aucun changement. Aussi, je peux considérer ce miroir comme une menace ou une preuve de mes incapacités, en devenir frustré et frustrer mon enfant.

Enfin, je peux utiliser le reflet que ce miroir projette : ce que je déclenche chez lui et ce qu'il déclenche en moi devient alors un moyen, un tremplin pour évoluer, pour remettre en question certaines façons d'être qui nous font souffrir tous les deux.

Ce dernier choix est un privilège que la vie m'apporte à travers mon enfant. N'en doutez pas ; servez-vous-en ! Avant de continuer, faites ce petit exercice : prenez une feuille, divisez-la en deux par un trait vertical et notez, à gauche, les caractéristiques (au moins trois) que vous aimez chez chacun de vos enfants. À droite, écrivez des comportements, des défauts ou des limites qui vous dérangent chez chacun d'entre eux. Arrêtez-vous ici. Terminez cet exercice avant de poursuivre votre lecture ; celle-ci en sera d'autant plus bénéfique.

Une fois cela fait, écrivez votre nom en haut de la feuille. Vous constaterez probablement que vous possédez ces mêmes caractéristiques, que vous les vivez de la même façon :

Il est enthousiaste et je le suis ;

Il est déterminé et je le suis ;

Il est colérique, entêté et... ;

Il manque de confiance en lui et...

Ou encore, vous verrez que vous êtes à l'opposé. Par exemple, l'apathie de mon enfant m'irrite beaucoup, moi qui consacre ma vie à travailler constamment, à mon propre détriment et à celui de ma famille.

Nous tenons à apporter une précision en ce qui concerne cet exemple. Celle-ci sera utile tout au long de cet enseignement. Quand nous parlons de miroir ou de manque, nous abordons un phénomène qui se manifeste dans un pôle ou dans l'autre, directement opposé (miroir opposé). Ainsi, face au manque d'estime personnelle, un individu peut développer un complexe d'infériorité et un autre, de supériorité. Toutefois, le manque est le même. Dans l'exemple précédent, l'enfant aurait pu manifester son manque en étant lui aussi trop travaillant ou en s'affairant continuellement, sans jamais s'accorder de temps libre.

Si on classe un déséquilibre par degré, on trouvera toujours le même degré, ou à peu près, à l'opposé de ce dérèglement. En fait, on attire presque toujours un complément. Si j'ai trop de compassion (degré +4), mon conjoint sera peut-être indifférent (degré −4). À vrai dire, l'autre permet d'établir l'équilibre. Ainsi, +4 additionné à −4 donne 0.

Il en va de même avec les enfants. Certains ressemblent plus à la mère, et cela peut l'atteindre davantage puisqu'ils lui renvoient le reflet de ses déséquilibres d'une façon identique ou opposée, selon le caractère de chacun. D'autres renvoient l'image du père, le mettant souvent hors de lui.

$$-4 \;-3 \;-2 \;-1 \quad \text{Équilibre} \quad +1 \;+2 \;+3 \;+4$$

Loi du balancier

Voyons d'autres exemples illustrant les répercussions de ce miroir.

Michel, le père de Gabriel, parle beaucoup mais ne se dévoile jamais. Il garde à l'intérieur de lui ce qui l'affecte. Il n'arrive donc jamais à régler ses difficultés émotives. Lorsque Gabriel a de la peine ou est frustré, il va pleurer dans sa chambre, bougonne ou claque les portes. L'enfant, tout comme son père, ne sait pas comment se dévoiler. Cela affecte son père qui en est, lui aussi, incapable.

Brigitte a une fille qui, comme elle, s'avère perfectionniste. Elles vivent toutes les deux de l'insatisfaction par rapport à ce qu'elles sont et à ce qu'elles font (il s'agit d'un miroir identique). La mère sera insatisfaite de l'insatisfaction de sa fille, défaut qu'elle projette elle-même.

Pour une personne à l'écoute, un des avantages de vivre avec des enfants, c'est qu'ils lui reflètent, lui enseignent par ce qu'ils sont: je vois à l'extérieur ce que je suis à l'intérieur. Si je constate un déséquilibre, se pourrait-il que je manque, selon le cas, de respect, de compassion, de bienveillance, de bonté, d'attention, d'acceptation, etc., envers moi ou envers l'autre? Ou, à l'inverse, en ai-je trop? Que puis-je faire? Vous trouverez dans ce livre de multiples moyens pour vous aider à répondre à ces questions.

Voici un autre aspect pouvant déclencher mon intérêt à investir dans la guérison de mes blessures: ce que mon enfant va devenir se répercutera un jour sur moi. Je dois vivre avec ses comportements positifs et négatifs. J'ai intérêt à faire tout ce qui est en mon pouvoir pour ne pas être complice du développement de certains comportements négatifs chez lui. Rien n'est plus puissant que le modèle que je représente pour transmettre des valeurs et des façons d'être à mon enfant.

Il est d'une très grande importance que vous compreniez que les enfants apprennent davantage en nous imitant que par toute autre forme d'éducation. Ils apprennent en nous regardant vivre, ne l'oubliez pas. Il s'agit de la part la plus importante de leur apprentissage. Si vous prenez du temps pour vous, ils feront de même pour eux. Si vous vous affirmez avec respect, ils feront de même. Vous vous plaignez toujours? Ils intégreront aussi cette attitude. L'exemple de ce que je suis constitue le facteur d'influence qui a le plus d'impact sur eux, même si des influences extérieures viennent parfois les distraire. Ce que je leur inspire constituera la base de leurs valeurs et de leurs façons d'être les plus profondes. Il s'agira du fondement sur lequel ils construiront leurs propres valeurs et croyances.

Arrêtez-vous de nouveau et faites l'exercice suivant:

Qu'en serait-il, aujourd'hui, si votre parent avait été (...)? Notez une qualité que vous aimeriez posséder ou que vous avez développée par vous-même, faute de modèle:

Seriez-vous la même personne aujourd'hui? Auriez-vous les mêmes valeurs?

Voici quelques exemples susceptibles d'offrir une réponse à ces questions:

- Ma mère a consacré toute sa vie à ses enfants. J'aurais préféré avoir comme modèle une mère qui s'occupe bien de ses enfants, mais qui développe également son potentiel. Je n'aurais pas eu à faire tant d'efforts pour cesser d'être à l'image de ses attentes et pour réussir, enfin, à m'épanouir.

- Mon père ne me parlait que pour imposer ses ordres. J'aurais préféré avoir comme modèle un père aimant qui m'aurait démontré que j'avais de la valeur à ses yeux. Je posséderais une plus grande estime de moi aujourd'hui.

- Ma mère mentait ou déformait la vérité pour donner l'impression qu'elle n'avait que des qualités. L'image d'une mère parfaite a été pour moi une source de tension continuelle. J'aurais aimé qu'elle soit authentique. Je pourrais accepter mes limites et ne pas en avoir tellement honte. Je subirais moins de tension.

Comme parent, je suis le transmetteur et mon enfant, le récepteur. Je projette à l'extérieur ce qui est inscrit en moi. Il ne peut en être autrement, que le phénomène soit positif ou négatif. Si je veux transmettre quelque chose que je n'ai pas, il revient à moi de l'acquérir. De toute évidence, vous ne pourrez donner convenablement ce que vous n'avez pas. Il est impératif de bien comprendre cela, quelle que soit votre intention, en prenant soin de vos enfants. Même si vous essayez de leur donner tout ce que vous n'avez pas eu, il est impossible de transmettre adéquatement des valeurs et des façons d'être, si vous ne vous nourrissez pas vous-même de ce que vous voulez tant leur donner:

- Je veux qu'il soit heureux. Le suis-je?

- Je veux qu'il soit respectueux envers lui-même. Est-ce que je me respecte?

- Je veux qu'il soit respectueux envers les autres. Est-ce que je respecte autrui?

- Je veux qu'il soit ordonné. Est-ce que je possède cette qualité?

Comment mon enfant pourrait-il intégrer l'amour des autres, la compréhension, le sens du partage et autres valeurs positives s'il n'en a pas de modèle ou s'il n'y a pas goûté? Il intègre toujours quelque chose qu'il voit et perçoit chez ses principaux témoins de vie.

Si je ne veux pas transmettre quelque chose que j'ai et qui me fait souffrir, parce que je sais à quel point il est difficile de vivre avec cette carence (timidité, colère, peur de m'affirmer et de parler de moi-même, intolérance, perfectionnisme, orgueil, etc.), il n'en tient qu'à moi de m'en guérir, de prendre des moyens pour m'améliorer, de demander l'aide de proches pour me soutenir ou de consulter des personnes compétentes dans le domaine propre à ma difficulté (voir à ce sujet le chapitre 7, à la page 173).

Voici la liste des huit besoins vitaux et fondamentaux de l'être humain qui, lorsqu'ils sont satisfaits, lui permettent de s'épanouir pleinement. Par contre, si ces besoins ne sont pas comblés, l'individu développe des dépendances et des frustrations qui l'amènent à présenter des comportements qui nuisent tant à sa propre personne qu'aux autres.

Tout être humain a besoin :

d'avoir la sécurité ;

d'être gratifié ;

d'avoir la satisfaction ;

d'être admiré ;

d'avoir la compassion ;

d'être important ;

d'avoir l'acceptation ;

de vivre dans l'humilité.

> Quand je l'ai, je le transmets automatiquement
> à mon enfant.

L'enfant intègre ce qu'il voit comme ce qui est. Aussi vit-il cette façon d'être comme la seule possible.

SI MON BESOIN EST COMBLÉ

La sécurité

J'ai de l'assurance. Je sens que je possède toutes les forces et tous les moyens nécessaires pour satisfaire l'ensemble de mes besoins.

Je n'ai pas peur, car je sais que je peux compter sur moi. Si je suis rassuré sur moi-même, je serai rassurant et je transmettrai automatiquement ce sentiment de sécurité à mon enfant. En effet, il ressent cette force qui transpire de moi. Lui-même n'a aucun doute. Il sent et sait que la personne qui s'occupe de lui est solide, fiable. Pour lui, le monde et les gens sont fiables. Il n'a aucune crainte. Il vit avec ce qu'il intègre, soit la sécurité.

La gratification

Je suis conscient d'avoir ma place à moi. Je vois et je reconnais mes points forts, mes qualités, mon potentiel. Je mets l'accent sur ces aspects positifs plutôt que sur mes faiblesses et mes limites. Instinctivement, je fais la même chose pour mon enfant : je lui permets d'exister et je vois surtout ses forces et ses capacités. Je les lui reflète et parle de lui positivement. Il s'en imprègne et reconnaît son propre potentiel. Il se gratifie avec enthousiasme. Je lui transmets donc la capacité de s'autogratifier, de prendre sa place et de s'affirmer.

La satisfaction

Je vis la joie reliée à la satisfaction réelle de l'être que je suis et celle d'évoluer selon mes capacités, sans nourrir d'attentes irréalistes face à moi-même. J'apprécie ce que je suis, puisque je fais l'expérience de la satisfaction et la projette sur ce qui est extérieur à moi. Je témoigne régulièrement à mon enfant ma satisfaction face à ce qu'il est et à ce qu'il fait. En la ressentant, il avance tout naturellement dans la vie, satisfait de lui-même. Il intègre ainsi cette autosatisfaction qui procure joie et optimisme.

L'admiration

En expérimentant diverses choses, je me reconnais des compétences personnelles dont plusieurs ne disposent pas. J'admire certaines de mes capacités, car mon esprit a l'habitude d'admirer les forces d'un être. J'ai tendance à faire la même chose pour mon enfant; je lui reflète ses forces, les admire. Dès lors, il les ressent et admire ses compétences. Il pourra, de ce fait, se réaliser en éprouvant un sentiment de compétence. Par ailleurs, il sera en mesure de transmettre cette autoadmiration à ses enfants lorsqu'il sera parent à son tour.

La compassion

Je suis bienveillant, doux envers moi-même. Je m'écoute et je prends en considération mes propres besoins. Je suis responsable face à mon bien-être. Je sais tenir compte de moi comme des autres. Je témoigne de cette compassion envers autrui devant mon enfant. J'aime donner aux autres, partager avec eux. L'esprit de collaboration m'anime. Je comprends et j'accepte chez chacun sa façon de percevoir les choses et les événements. Avec un tel modèle de compassion et le sentiment d'être compris dans ses désirs et ses difficultés, l'enfant devient, à son tour, un être compatissant. Il développe lui aussi cette autoresponsabilité qu'est la considération, envers lui-même et envers les autres.

L'importance

Je reconnais ma valeur, mon importance. Je m'accorde donc du temps, de l'attention, me traite aux petits soins, avec respect. Puisque je manifeste cette attitude à mon endroit, je la démontre à l'égard de mon enfant. Cette valeur qu'est l'être humain, je la lui transmets. Reconnaissant ainsi sa propre valeur, il intègre naturellement cette force qu'est l'estime personnelle, pour lui-même et pour les autres. Il aime exprimer ses opinions, considérant qu'elles méritent d'être entendues. Il pourra aussi transmettre cette valeur à ses propres enfants.

L'acceptation

Pour moi, prendre conscience sans jugement de ce que je suis, vivre ma différence et voir tant mes limites que mes forces est tout à fait normal. Je considère que la nature est ainsi faite. Je suis donc patient et tolérant. Je m'accepte et accepte inconditionnellement mon enfant. Je nous aime tels que nous sommes. À partir de là seulement, il pourra s'accepter et s'aimer sans limites ! L'autoacceptation intégrée, il ne se jugera pas.

L'humilité

Je suis humble. Je ne m'accroche à aucune croyance ni à des valeurs extérieures susceptibles de m'empêcher d'être ce que je suis. Je donne sans compter et lâche prise à mon ego, à tout ce qui n'est pas amour véritable. Je suis comblé. Je peux m'oublier et laisser la place à l'autre. Je vis cette humilité. Je suis un modèle que je transmets sans efforts, parce que je suis avec l'autre. Il peut ainsi, lui aussi, vivre cette humilité et lâcher véritablement prise à tout ce qui l'empêche d'être ; il est inspiré par ses propres valeurs.

> Ce que je n'ai pas, cela aussi, je le transmets automatiquement à mon enfant.

Je transmets ce manque par inconscience ou j'en fais deux fois trop, par crainte que mon enfant subisse aussi ce manque : quand je ne l'ai pas, même si j'en suis conscient, je ne parviens pas à le transmettre adéquatement. Si je le vis en manque ou en excès, je ne peux le donner d'une façon juste, appropriée.

SI MON BESOIN N'EST PAS COMBLÉ
La sécurité

Je suis anxieux. Des craintes de toutes sortes, pour moi ou pour mon enfant, m'envahissent. Comme il les ressent, il ne peut compter sur moi, la personne dont il dépend. Quels que soient les moyens que je prendrai pour lui donner de l'assurance, je n'arriverai pas à le rassurer. Je transpire l'insécurité, donc je la transmets. Résultat ? Il reproduit mon insécurité ou réagit à celle-ci en prenant des risques d'une ampleur démesurée.

La gratification

Je projette ce que je vis à l'intérieur. Si je ne me gratifie pas, si je ne vois que mes points faibles, je ne fais que l'inventaire des défauts et des fautes de mon enfant, même si je sais que c'est mauvais pour lui. Si je ne vois que ses incapacités, je lui parle surtout de ses manques ou les souligne par des attitudes ou des gestes réprobateurs. Je vis et je transmets la frustration. Si j'en suis conscient, je tente de le « surgratifier », tout en ne me gratifiant pas. Soit il prend toute la place, en m'écrasant, soit il développe une frustration constante pour tout et pour rien.

La satisfaction

Si je suis plutôt insatisfait de la personne que je suis, ou de la plupart de mes actions et de mes réalisations, c'est que j'ai des attentes irréalistes. Ce que je suis ou ce que je fais ne répond pas à celles-ci. Je me critique constamment ; il y a toujours quelque chose qui cloche. J'aurai ces mêmes attitudes envers mon enfant : je critiquerai, je blâmerai, je mettrai de la pression sur lui. Il se critiquera, se blâmera. Il aura des attentes envers lui et se mettra de la pression. Je vis et je transmets la déception. Si je suis conscient de mon impact négatif sur lui, je risque d'en mettre trop et de me montrer toujours satisfait face à lui. Je voudrai lui donner ce que je n'ai pas eu de mes parents. Il verra bien que mes interventions ne découlent pas du « bon sens », que je n'ai aucun sens critique. Lui aussi aura de la difficulté à développer un jugement sûr.

L'admiration

Si je ne me reconnais aucune compétence, aucun potentiel unique, je ne pourrai mettre en valeur les caractéristiques admirables de mes enfants. Même s'ils possèdent des dons exceptionnels ou un grand potentiel, que je suis animé par la meilleure des intentions, j'en serai incapable. Je ne me mets jamais sur un piédestal. Comment pourrais-je lui donner cette place ? Je transmets donc l'humiliation. Si j'ai conscience de l'impact de l'humiliation ou de ce manque d'admiration pour l'avoir vécu, je ne veux pas le transmettre à mon enfant. Toutefois, si je ne travaille pas à combler cette lacune, j'en ferai encore trop en le glorifiant. J'en ferai ainsi un petit roi, un enfant désagréable qui pensera que tout lui est permis.

La compassion

Si je ne comprends pas mes besoins et que je n'en tiens pas compte, comment pourrais-je vraiment être à l'écoute de ceux des autres avec un amour et une compréhension véritables ? Comment puis-je être empathique à l'autre ? Je ne le vis pas à l'intérieur. Mon corps et mon cœur n'y ont pas goûté. Je me témoigne et témoigne aux autres de l'indifférence. Il intègre donc ce sentiment face à lui-même et aux autres, ou encore il est indifférent à lui et compatissant à l'excès à l'égard de ceux qui souffrent. Si j'en fais trop afin de satisfaire chez lui un besoin de compassion qui n'a pas été comblé chez moi, je l'étouffe par un trop-plein d'amour ; par conséquent, il devient indifférent à moi.

L'importance

Si je ne m'accorde aucune importance, je témoignerai, par toutes sortes d'attitudes, de l'irrespect envers moi-même et envers les autres personnes avec qui je suis en relation. Inspiré par ces attitudes d'irrespect dont il est le témoin et, souvent, la victime, mon enfant se mettra au deuxième plan. Aussi se percevra-t-il comme insignifiant et sera-t-il incapable de développer une estime personnelle digne de ce nom. Si, en voulant guérir mon manque à travers lui, je lui accorde toute l'importance, il pourra se prendre pour un dieu, prétendre qu'il a toujours raison, imposer ses choix, bref, être tout à fait impossible.

L'acceptation

Si j'ai de la difficulté à m'accepter, il me sera très difficile, voire impossible d'accepter les limites de mon enfant. Si j'ignore ce qu'est l'acceptation de moi-même et des autres, comment puis-je la transmettre ? Mon enfant développera, tout comme moi, l'impatience, l'intolérance face à lui-même et aux autres. Il se rejettera, fera tout (consciemment ou inconsciemment) pour vivre du rejet et rejettera les autres ; ou à l'inverse, il acceptera tout, sauf lui-même, pour tenter de se faire accepter. Si je tente d'accepter inconditionnellement mon enfant mais que je ne fais pas de même pour ma propre personne, celui-ci reproduira cette attitude envers lui-même : il se rejettera, mais tout le reste sera acceptable.

L'humilité

Si je suis dominé par mon orgueil, je m'imposerai des valeurs axées sur l'extérieur, qui me mettront continuellement en contraction et m'empêcheront d'être. J'imposerai à mon enfant ces mêmes valeurs, lesquelles entreront souvent en conflit avec le bon sens et lui seront incompréhensibles. Puisque c'est ce que je lui fais vivre, il mettra lui aussi ses actions au diapason de ces valeurs extérieures. Même s'il ne se reconnaît pas dans ces valeurs, il les prendra pour la réalité, tout comme je les ai prises. Ainsi, lui aussi s'empêchera d'être, car je lui ai transmis cette limite. Il ne pourra, de ce fait, développer l'amour véritable. Il sera donc orgueilleux, avec tout ce que ce défaut implique.

* * *

Le plus beau cadeau que je puisse me faire et faire à mon enfant, c'est de travailler sur moi-même. En le regardant « mimer » et même amplifier mes manques et les traits de caractère qui me nuisent, je peux profiter de cette occasion pour mieux cibler mes lacunes ou difficultés, et pour m'en guérir.

« Ce que nous semons dans le cœur et l'esprit d'un enfant touchera un jour des milliers de gens. »

BARBARA DE ANGELIS
(*Moments vrais*, Alleur, Marabout, p. 274)

Vous-même

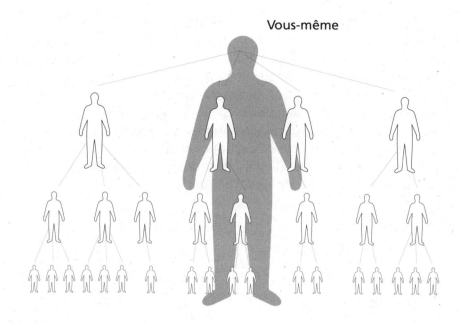

Compte tenu de l'importance du modèle que je représente comme parent, je dois effectuer des changements personnels en développant un amour et un respect plus grands envers moi-même et envers les autres. Il faut également que je brise ce cercle vicieux pour que je ne perpétue plus ces valeurs ou ces fausses croyances axées sur l'extérieur, qui m'ont été transmises par mes aïeux et qui menacent maintenant d'avoir un impact sur ma descendance.

> Je serai donc source d'un amour surabondant. Voyez-vous l'urgence d'agir pour que cessent de multiples souffrances inutiles ?

L'absence de zone neutre entre l'impact d'un besoin comblé et celui d'un autre non comblé est un autre point à considérer pour vous éveiller davantage à l'importance de commencer à remplir les vides en vous et chez vos enfants. En effet, si je ne ressens pas d'impact positif, je ressens automatiquement un impact négatif.

Prenez quelques instants pour lire ce qui suit. Dans la colonne de gauche, vous voyez la répercussion de chacun des besoins comblés. En face de chacun, à droite, vous pouvez constater les effets produits chez un enfant qui n'a pas obtenu satisfaction de ce besoin. Comme nous l'avons mentionné, il n'y a pas de zone neutre au centre. Si je ne ressens pas ou ne vis pas ce qui est à gauche, je ressens ou vis ce qui est à droite. Lisez attentivement chacun de ces mots, de gauche à droite, et laissez votre imagination vous montrer des images de construction de l'être (gauche) ou de destruction de l'être (droite).

Sécurité, paix	Insécurité, peurs
Gratification, valorisation	Brimades, dévalorisation
Satisfaction, joie	Déception, tristesse
Admiration, courage	Humiliation, paresse
Compassion, compréhension	Indifférence, incompréhension
Importance (je suis quelqu'un)	Insignifiance (je ne suis rien)
Acceptation, reconnaissance	Rejet, exclusion
Humilité, simplicité de la vie	Orgueil, complexité de la vie

Nous espérons que cette réalité vous frappera, de sorte que votre esprit s'éveillera à la très grande importance de vous nourrir et de nourrir vos enfants de ce qui est la source, la base de la réalisation de l'être humain : combler ses besoins fondamentaux. Imprégnez-vous de cette démonstration pour en comprendre l'impact. Créez en vous l'intention véritable de remplir ces manques d'amour dont vous avez été victime. Cette intention, liée à l'action, transformera littéralement votre vie. Vous accomplirez des miracles en transformant l'amour envers vous et envers les autres afin de permettre à votre enfant d'évoluer. La seule façon d'y arriver consiste à changer notre perception par un éveil de la conscience ou de nouvelles connaissances. Cette nouvelle perception transforme notre manière de voir les choses et nos attitudes, ce qui nous amène à agir différemment.

Grâce à cette nouvelle façon d'être, nous nous élevons constamment et nous constatons nos transformations intérieures. Ce même impact se fait sentir chez ceux qui bénéficient de notre amour, puisque celui-ci s'exprime de plus en plus adéquatement. Ils se transforment eux aussi. Ainsi, nos souffrances ne cessent de diminuer parce que seul l'amour guérit.

Tout au long de ce livre, vous apprendrez comment assumer ce rôle parental, comment récupérer si, par manque de connaissances, vous n'avez pas été complice ou guide. Vous serez également en mesure de suivre ces mêmes pistes pour vous combler vous-même, puisque vous présentez ces mêmes besoins.

Voici comment se joue le rôle du parent. La responsabilité de tout individu consiste d'abord à prendre en charge son propre bien-être comme être humain, être de relation. Je me respecte et respecte l'autre. « Je prends soin de moi sans oublier l'autre, et je prends soin de l'autre sans m'oublier. » Telle est la base de l'équilibre relationnel sur lequel tout individu peut se guider, en y ajoutant sa part de bon sens. L'illustration suivante nous démontre l'importance de répartir également le poids des deux jambes pour bénéficier d'un bon équilibre[1].

Moi   l'Autre

---

1. Nous avons élaboré cette approche dans notre livre *8 moyens efficaces pour réussir mon rôle de parent*, à la page 17.

Il en est de même dans mes relations. Pour garder l'équilibre, je dois tenir compte de l'importance de me respecter moi (jambe droite) et de respecter l'autre (jambe gauche).

Pendant un certain temps, puisqu'un enfant naît de lui, le parent doit aussi prendre en charge le bien-être de son enfant, c'est-à-dire l'élever dans différents domaines, jusqu'à ce qu'il puisse s'élever de lui-même.

Pour vivre ce bien-être comme parent, je dois être conscient que mon rôle premier consiste à combler les besoins fondamentaux de mon enfant. Un besoin étant vital, je dois y répondre. À cette condition, l'enfant pourra développer son plein potentiel et concentrer ses énergies à se réaliser. Ainsi, je pourrai vivre avec un être heureux, comblé ; ce qui sera bon pour lui comme pour moi. Si je n'assume pas adéquatement cette responsabilité, mon enfant développera des manques affectifs, des attitudes et des comportements inadéquats qui l'affecteront et m'affecteront moi aussi.

Cette responsabilité de parent se répartit sur deux plans. Pour une meilleure compréhension, voyez l'illustration à la page 35. Afin que ce rôle se joue de façon équilibrée, nous avons utilisé l'image des deux bras du parent. Ceux-ci remplissent respectivement des fonctions d'une grande importance ; d'un côté, il faut que je sois une maman ou un papa (complice), « nourrir » avec amour les besoins fondamentaux de mon enfant et, de l'autre, être mère ou père (guide), c'est-à-dire que je dois l'encadrer, le structurer avec fermeté et bienveillance. Pour cela, je devrai développer moi-même mon sens de la discipline en me basant sur la fermeté, un aspect sur lequel nous porterons davantage d'attention un peu plus loin. Vous pourrez aussi vous inspirer des enseignements du livre *8 moyens efficaces pour réussir mon rôle de parent*, qui offre plusieurs pistes pour vous aider à encadrer et à structurer l'enfant.

En résumé, voici les deux facettes du rôle global de parent :

- maman ou papa (complice) : avoir une vraie relation de complicité avec votre enfant ;

- combler les besoins fondamentaux de votre enfant.

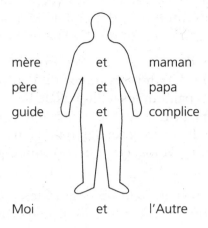

mère	et	maman
père	et	papa
guide	et	complice

| Moi | et | l'Autre |

Ma responsabilité de parent, mon rôle

En même temps, je dois :

- être mère ou père (guide), et encadrer et structurer avec fermeté ;

- instaurer une discipline pour qu'il s'autoresponsabilise.

Je dois atteindre cet équilibre : d'abord me respecter et respecter l'autre (jambes), tout en étant guide et complice (bras) de mon enfant. Si je ne suis que guide, je vais développer ce pôle à l'extrême, et donc être autoritaire. Conséquence ? Je vais vivre un déséquilibre relationnel avec mon enfant : il sera soit rebelle ou soumis, selon son type de caractère. Si, au contraire, je ne suis que complice, je développerai ce pôle à l'extrême et je serai trop permissif. Mon enfant sera autoritaire avec moi et inquiet. Ce n'est bon ni pour lui ni pour moi.

Chacun des parents doit exercer ses deux fonctions « maman ou papa » et « mère ou père » de façon équilibrée. Si je me confine à l'extrême d'un pôle ou d'un autre, mon conjoint, devant l'impact négatif d'une telle approche, devra établir l'équilibre. De ce fait, si je suis trop autoritaire, mon conjoint devra être trop permissif pour pallier mon déséquilibre. Il me trouvera trop sévère et exigeant, alors que je le trouverai trop souple, ce qui sera source de mésentente. Je dépendrai de mon conjoint pour apporter plus de complicité à mes enfants.

Ces extrêmes dans le couple, bien qu'ils soient complémentaires (chacun dépend des forces de l'autre), sont nécessaires. En effet, ils pallient les manques de l'autre, mais ils sont sources de conflits. Plutôt que de juger l'autre, je devrais l'utiliser comme modèle, le regarder agir dans ce que je n'ai pas développé et devenir à la fois complice et guide pour équilibrer mes interventions.

Il est très perturbant pour un enfant de vivre ces deux extrêmes chez chacun de ses parents. D'un côté comme de l'autre, ils déstabilisent l'enfant. Inconsciemment, celui-ci essaie, par ses comportements inadéquats, de trouver plus de soutien, d'amour et de compréhension chez l'un, et plus d'encadrement et de fermeté chez l'autre.

Quand les deux parents vivent le même déséquilibre, l'enfant vit de grands manques.

- Les deux parents sont permissifs : l'enfant manque d'encadrement.

- Les deux sont autoritaires : l'enfant manque de complicité.

Pour chaque besoin, je dois me combler et combler mon enfant car, comme nous l'avons vu, je ne pourrai, de toute évidence, donner d'une façon équilibrée ce que je n'ai pas.

Je nourrirai mon enfant extérieurement par des actions concrètes. Selon le besoin, je lui donnerai du temps, le soutien, l'épaule, je reconnaîtrai ses points forts, ses compétences, je le comprendrai, j'accepterai ses limites tout en pensant à me nourrir (à me combler) de cette même nourriture que je lui donnerai. Il se sentira alors considéré.

Je nourrirai aussi mon enfant intérieurement en lui disant ce que je fais pour lui, que j'aime m'occuper de lui, qu'il est important pour moi... Ces paroles lui confirmeront davantage l'amour que j'ai pour lui. Là, il se sentira aimé. Ces mêmes paroles se déposeront en lui, tel un trésor ou un baume qui produira des effets positifs non seulement chez lui, mais aussi chez toutes les personnes avec qui il entrera en relation.

Le monde d'un petit, c'est lui et ses parents ou les personnes les plus significatives pour lui. S'il se sent véritablement aimé de vous, il sera persuadé qu'il est aimé de tout l'univers. N'est-ce pas important? S'il est comblé, il développera assurance, confiance, joie, estime personnelle, sens du partage, respect de lui-même et des autres, acceptation et humilité. Si, au contraire, il vit des manques, selon le besoin dont il est carencé, il pourra ressentir des peurs, manquer d'intérêt, être frustré, insatisfait, paresseux, négatif, égocentrique, jaloux, irrespectueux, intolérant, orgueilleux... De toute évidence, il développera une dépendance à la suite de ce manque, laquelle engendrera des répercussions négatives sur ses comportements.

Si je ne fais que donner, autrement dit si j'applique uniquement la fonction de papa ou de maman, mon enfant sera passif. Pour être vraiment nourri par moi, il a absolument besoin que j'exerce en même temps mon autre fonction de père ou mère. Je dois donc l'encadrer afin de lui fournir des balises, des structures qui lui permettront, petit à petit, d'apprendre à s'encadrer lui-même et de se sentir en sécurité avec son parent. Il a besoin d'obtenir le sentiment que la personne dont il dépend est fiable. Il peut le constater par l'attitude de ce parent qui, lorsqu'il y a danger ou nuisance pour son enfant ou les personnes qui l'entourent, utilise son autorité avec respect et bienveillance, en se montrant ferme et conséquent. Tout comme pour la majorité d'entre nous, nous aurions besoin d'un guide dans la jungle afin de nous orienter face à d'éventuels dangers. Si ce guide néglige de nous encadrer dans la forêt, ou de nous protéger, des difficultés s'ensuivront et nous vivrons de l'insécurité en sa compagnie.

En ce qui concerne l'enfant, ce sentiment positif qu'est celui de l'encadrement par un parent qui recourt à son autorité chaque fois que c'est nécessaire, n'est pas toujours facile à constater. L'enfant s'oppose ou se montre déçu, car il préférerait tout naturellement ne pas avoir de limites et se faire continuellement plaisir. L'opposition ou la frustration qu'il exprime face à ces limites nous cachent l'impact positif qu'ont sur lui ces balises. En fait, rares sont les enfants qui vont remercier leurs parents de leur refuser un biscuit ou une sortie, ou encore leur imposer de ranger ou de faire leurs travaux scolaires. Cependant, ces contraintes sont bénéfiques pour eux. Vous constaterez par ailleurs que, même si l'enfant est déçu ou frustré par les restrictions qui lui sont imposées, un parent ferme qui explique avec bon sens les vraies raisons de celles-ci, toujours sur un ton respectueux, et qui vit une relation de complicité avec son enfant, aura beaucoup plus de facilité à se faire obéir. En outre, il fera face à moins d'opposition et obtiendra plus de respect de la part de son enfant. Il est à noter que « ferme » ne veut pas dire « rigide et fermé ». La fermeté, même si elle est maintenue, se vivra mieux si je suis animé d'une attitude ouverte, souple et compatissante envers mon enfant.

Les exemples suivants illustrent bien le phénomène dont il est question.

- Afin de développer chez son fils Marc le sens de l'ordre, Gabriel lui demande de ranger sa vaisselle dès qu'il termine son repas et de ne rien laisser traîner dans la salle familiale. Il sera ferme quant à l'exécution de ces deux consignes. Pendant un certain temps, il ne lui demandera que cela, afin de pouvoir le féliciter le plus souvent possible, l'encourager. Parfois même, il aidera Marc dans sa tâche, pour que celui-ci se sente soutenu et développe davantage le goût de le faire. C'est ça, être ferme et souple.

- D'après les informations obtenues, Luc, le père de Virginie, âgée de onze ans, juge que la fête à laquelle veut participer sa fille pourrait avoir un impact malsain sur elle. Pour protéger sa fille contre d'éventuels dangers, il lui refuse cette sortie en lui expliquant les raisons qui motivent sa décision. Par contre, comme Virginie est musicienne, il prendra du temps la semaine prochaine pour l'amener écouter un concert. C'est ça, être ferme et compatissant.

La formation que nous donnons nous a permis de confirmer l'impact fort positif d'une saine autorité du parent, et ce, tant sur eux et sur leurs enfants que sur la relation qu'ils entretiennent.

En raison de son peu d'expérience de la vie, l'enfant n'a pas conscience des dangers qui le menacent ou des effets nuisibles, à court ou à long terme, de certains de ses comportements. Même s'il en a parfois conscience, il ne possède pas la maturité nécessaire pour s'encadrer lui-même. C'est donc une fonction de mon rôle de parent de le guider, avec amour et bonté, en lui imposant des balises pour favoriser chez lui des valeurs saines et une vie harmonieuse. En fait, je l'encadre jusqu'à ce qu'il développe assez de maturité pour s'acquitter lui-même de cette responsabilité.

CHAPITRE 2

LES BESOINS DES ENFANTS

Nous, les parents, aimerions répondre adéquatement aux besoins de nos enfants. Nous les aimons et nous espérons les rendre heureux. Nous voulons qu'ils se sentent protégés, capables d'affronter avec sérénité et assurance toutes les difficultés qu'ils sont susceptibles d'éprouver dans la vie. Pourtant, la tâche s'avère difficile pour plusieurs, parfois même affligeante. Or, comment faire, puisque nous n'avons pas de mode d'emploi sûr balisant toutes nos interventions ?

En fait, l'unique fonction du parent est essentiellement de répondre aux besoins fondamentaux de son enfant, en adaptant son intervention à la personnalité de celui-ci afin de le combler selon ses besoins spécifiques. Grâce à ce livre, vous retrouverez le plaisir d'être parent dans une relation harmonieuse.

Nous vous dévoilons ici ce que tout parent devrait savoir à propos des besoins psychoémotionnels fondamentaux qui permettent à l'enfant de se développer adéquatement sur le plan comportemental. De plus, nous vous fournissons plusieurs pistes pour vous orienter afin de répondre à ces besoins.

Puisqu'un besoin est vital, je dois le combler. Si je ne le fais pas, mon enfant développera des manques affectifs, des attitudes et des comportements qui nous affecteront, lui et moi. Il y a deux façons, aussi importantes l'une que l'autre, de combler un besoin chez un enfant. Celui-ci a besoin d'être nourri concrètement par des démonstrations physiques (nourriture provenant de l'extérieur), et émotionnellement par une verbalisation des émotions et des sentiments du parent (nourriture provenant de l'intérieur).

Je le nourris extérieurement :

je lui donne une pomme s'il a faim ;

s'il a besoin d'aide, je le soutiens, l'épaule ;

je lui donne du temps ;

je lui donne de l'attention et de l'écoute ;

etc.

Il voit que je fais des actions (extérieur), mais cela ne suffit pas. Il ne ressent pas l'amour qui les motive.

Je le nourris donc intérieurement en lui disant :

ce que je fais pour lui ;

que j'aime m'occuper de lui ;

qu'il est ma joie ;

que je l'admire ;

etc.

Il ressent alors qu'il est aimé. Cette nourriture lui donnera une véritable force intérieure. C'est dans les mots que j'emploierai pour confirmer que mes actions s'adressent à lui qu'il ressentira le sentiment à la base de mon intention, soit l'amour que j'ai pour lui. Ces mots que j'emploierai renfermeront un pouvoir magique. Par exemple, si je lui dis : « Tu es important pour moi », l'enfant ressentira : « J'ai de la valeur aux yeux de ma mère (ou de mon père), je suis important pour elle (ou pour lui). » Vous constatez, à la lecture des exemples suivants, la grande portée de ces mots sur la vie d'un enfant (n'en négligez pas l'emploi régulier) :

« Quand j'ai vu ces belles pommes vertes, je les ai achetées parce que je sais que ce sont tes préférées. »

« Je t'en ai acheté parce que c'est bon pour ta croissance. »

« J'aime quand tu as tout ce qu'il te faut pour bien grandir. »

De toute façon, j'achèterais ces mêmes pommes vertes. Pourquoi ne pas lui confirmer que c'est parce qu'il est aimé, que je fais cela pour lui et non pas, comme il le croit, uniquement pour m'acquitter de ma responsabilité ou pour remplir mon rôle de parent ?

Ici, le parent nourrit son enfant intérieurement en lui faisant sentir qu'il le considère (« Je sais que ce sont tes préférées »), qu'il se préoccupe de sa santé et de son bien-être (« C'est bon pour ta croissance ») et qu'il veille sur lui (« Tu as tout ce qu'il te faut »). Ces paroles font beaucoup de bien à un enfant, car elles le sécurisent et augmentent son estime personnelle. Notez bien ceci : sans cette confirmation verbale, il ne peut réellement prendre conscience de tout ce que je fais pour lui ; il ne voit pas vraiment les attentions que j'ai pour lui, que je suis dévoué à son égard, il ne se rend pas compte que je suis là pour lui et que je prends soin de lui.

En résumé :

- Nourriture physique – extérieur et concret : pomme, sourire amical, regard complice, donner du temps, etc.

- Nourriture émotionnelle – intérieur et abstrait : paroles bienveillantes.

Les désirs des enfants

Puisque les besoins sont vitaux, il est impossible de gâter un enfant en répondant aux siens. Mais attention, il ne faut pas confondre besoin et désir !

En répondant aux besoins de l'enfant, nous pourrions en effet tomber dans le piège d'en faire trop, soit par peur qu'il manque de quelque chose, soit pour lui éviter d'éprouver des difficultés et de vivre des souffrances. L'autre piège qui guette le parent est de se mettre à répondre à tous ses désirs. Or, ne pas répondre à ses besoins est aussi néfaste pour lui. Il est donc essentiel pour le parent de distinguer besoin et désir. Je dois répondre aux besoins de mon enfant selon mes capacités. Je ne suis pas responsable de ses désirs. Je dois même lui laisser la responsabilité de les combler lui-même, avec ma complicité.

Un besoin vient de l'intérieur :	j'ai besoin de repos.
Un désir vient de l'extérieur :	j'ai le goût d'aller à Hawaï.
Besoin de manger	Désir de manger de la pizza
Besoin de repos	Désir d'aller à la mer
Besoin de vêtements	Désir d'acheter telle marque
Besoin de me déplacer	Désir d'avoir une voiture
Besoin de complicité	Désir qu'on fasse quelque chose à ma place

Cela ne veut pas dire que je ne doive accorder aucune importance à ses désirs. Les désirs prennent une place importante dans la vie de tous les humains ; sans eux, la vie perd son sens. Le fait que ses désirs profonds soient reconnus lui permet de mettre de la passion dans sa vie. Aussi, chaque souhait de l'enfant, même s'il n'a pas à être comblé, a besoin d'être entendu et reconnu par le parent :

« Tu aimerais beaucoup ce jeu. »

« Tu préfères que maman ne parte pas. »

« C'est difficile pour toi d'avoir à partager avec ta sœur. »

« Tu aimerais avoir ta chambre à toi. »

« Tu voudrais avoir un ordinateur comme celui de Guillaume. »

Refléter à l'enfant ce à quoi il aspire ne veut pas dire que nous sommes d'avis qu'il faille combler son désir. Cela a seulement pour but de lui démontrer que nous reconnaissons ce qu'il vit et qu'il est légitime d'avoir des goûts, des rêves qui lui sont propres et de vouloir y accéder. L'important, c'est de ne pas les nier, de ne pas lui dire que ses désirs sont insensés.

Cependant, le parent ne peut ni ne doit répondre à toutes les attentes de son enfant. Tout désir peut être pris en charge par l'enfant, selon l'évaluation de ses moyens, de son âge et de ses capacités à le réaliser. J'exprime à l'enfant le type de collaboration qu'il m'est possible d'offrir, mais je le laisse accéder à ses désirs par ses propres moyens.

Par exemple, Julie aimerait avoir un chat. Sa mère lui demande ce qu'elle est prête à faire pour combler son désir. Ensemble, elles évaluent plusieurs possibilités, selon le budget, l'horaire et les capacités de Julie. Elles s'entendent sur la participation de chacune : la mère peut payer la moitié du prix d'achat et lui explique la tâche qu'elle est prête à assumer pour les soins de l'animal. Si Julie veut satisfaire son désir, elle devra assumer l'autre moitié du coût de l'achat de son nouveau compagnon et accepter de donner les autres soins dont le chat a besoin.

Il est malsain de combler facilement tous les désirs de nos enfants. Il est bon que l'enfant puisse accéder lui-même à ses désirs, afin qu'il garde un but, un élan qui l'animera constamment face à la réalisation de ses rêves. Si ses désirs sont satisfaits trop aisément, il perdra le goût de l'effort et le bonheur d'atteindre ses buts lui-même. Combler tous les désirs de l'enfant, c'est tuer ses rêves. Il est bon de rêver pour un humain. Certains rêves peuvent rester ainsi et ne pas être comblés. Par contre, combler les besoins de l'enfant jusqu'à ce qu'il puisse le faire lui-même, c'est l'aider à se réaliser.

Il est utile de préciser à l'enfant notre rôle auprès de lui : « Ma responsabilité consiste à combler tes besoins d'être soutenu, encadré, protégé, gratifié, etc., jusqu'à ce que tu aies l'habileté de le faire toi-même. Je ne peux ni ne dois combler tous tes désirs. »

CHAPITRE 3

RÉCUPÉRER ? OUI, C'EST POSSIBLE !

Nous l'avons dit précédemment, quand un besoin vital n'est pas comblé chez l'être humain, il entraîne un déséquilibre psychoémotionnel et comportemental. Il y a des répercussions... je vois des symptômes. Tout comme un manque de fer ou de calcium provoque une carence sur le plan physique et un dysfonctionnement plus ou moins important du corps, le déséquilibre sera proportionnel à l'ampleur de la carence. En manque d'un élément vital, mon corps réagira par un symptôme.

- Manque de fer : anémie, faiblesse, apathie...

- Manque de calcium : douleurs musculaires, maladie des os, déséquilibre nerveux...

Il en est de même quant à certaines attitudes ou certains comportements de mon enfant. Quand l'un de ses besoins de base n'est pas comblé, il est en déséquilibre. Tout ce qu'il veut, c'est retrouver l'équilibre en faisant un geste susceptible de combler ce besoin. Par exemple, l'enfant doit se sentir important aux yeux du parent ; il est donc impératif que je lui accorde de l'attention. S'il ne l'a pas, et si je ne réagis qu'au moment où il fait quelque chose qui me déplaît, il répétera ce comportement négatif, puisque celui-ci lui permet de recevoir mon attention.

Puisqu'un besoin est vital, il lui est plus difficile de ne pas avoir d'attention que de l'avoir d'une façon négative. En effet, si l'enfant ne ressent pas son importance quand il fait quelque

Il se doit de réagir pour retrouver son équilibre.

chose de bien, comme jouer seul, il accaparera le parent d'une autre façon. Être important aux yeux de son parent lui est vital ; il s'agit d'un besoin instinctif. Il préférerait ne pas avoir à attirer l'attention d'une façon négative.

Malheureusement, si je ne suis pas conscient de ses manques, je verrai ses comportements inadéquats comme le fruit de mauvaises intentions de sa part. Je croirai qu'il agit dans le but de me déranger ou par méchanceté. Plutôt que de le combler, je vais faire l'inverse : selon le cas, je vais le rejeter, l'abaisser, l'humilier, etc. Ainsi, j'amplifierai son déséquilibre, ce qui est négatif tant pour moi que pour lui.

Si je vois qu'il n'est pas bien, si je le sais inquiet, rempli de peurs ou peu sûr de lui, peu intéressé, soumis, arrogant, très agité, jaloux, souvent rejeté par ses amis ou ses professeurs, s'il a de la difficulté à se confier, si je m'aperçois que je n'ai pas comblé un de ses besoins, souvent faute de connaissances ou d'en avoir pris conscience, il m'est possible de me reprendre, de récupérer ce manque. Souvent, le parent soucieux de combler son enfant s'évalue, se juge lorsqu'il constate que son enfant éprouve des difficultés. Il se dit : « Il est trop tard, le mal est fait. Je n'ai pu combler ce besoin. »

Non, il n'est pas trop tard. Nous avons cette possibilité de nous reprendre. Réjouissez-vous de cette occasion de pouvoir récupérer. Tout ce qu'il vous reste à faire, c'est de prendre conscience, à la lumière de ce livre, de ce qui reste à combler chez votre enfant, d'appliquer les méthodes suggérées avec confiance et, surtout, sans attendre une transformation immédiate. Déjà, en les appliquant, vous ressentirez la grande satisfaction d'être sur la bonne piste et de faire ce qui convient comme parent. C'est tout.

La personnalité ou l'identité de votre enfant ne sera fixée définitivement en lui que vers l'âge de vingt et un ans. Après, il devra assumer lui-même cette récupération. Évidemment, plus tôt je mettrai en action ce processus de récupération, plus efficace il sera et plus vite apparaîtront les résultats.

Étapes de l'identification de l'humain		
PROGRAMMATION	CONFIRMATION	ANCRAGE
0_____ 7 ans	_____ 14 ans	_____ 21 ans
Ex. : Se sent rejeté.	Se confirme ce sentiment d'être rejeté, dans certains événements.	Développe des gestes, des attitudes qui provoquent inconsciemment le rejet des autres, en croyant que cela fait partie de lui.

Je devrai reprendre et suivre, avec plus d'application, les pistes énoncées dans ce guide. Au début, il sera nécessaire d'évaluer les besoins afin de savoir lesquels n'ont pas été comblés.

La récupération se réalise sans que nous ayons à nous préoccuper de l'âge actuel de l'enfant. S'en préoccuper est un piège trompeur. Il est difficile de récupérer si je me dis qu'à son âge, il ne devrait pas être comme ça et que, par conséquent, je le juge négativement.

À titre d'exemple, voici quelques attitudes à proscrire :

• Juger qu'à trois ans, il devrait avoir un comportement exemplaire, écouter les consignes automatiquement, manger tous les aliments que je lui offre au repas ;

- Juger qu'à cinq ans, mon enfant devrait être capable de s'habiller seul, de lacer ses souliers seul, de ramasser correctement un verre de lait renversé, de faire son lit chaque matin sans que je le lui dise, de ne plus avoir aucune peur, de ne pas être timide, de manifester un amour inconditionnel envers ses frères et sœurs, sans jamais se quereller avec eux;

- Juger qu'à neuf ans, il devrait pouvoir se garder seul, être responsable de la maison et de son alimentation, faire sa chambre et ranger ses vêtements convenablement;

- Juger qu'à onze ans, il devrait pouvoir s'occuper seul de ses devoirs même si, jusqu'à maintenant, je ne l'ai pas soutenu avec patience, considération et une fermeté bienveillante au moment où il réalisait ses travaux précédemment;

- Juger qu'à quinze ans, il devrait savoir ce qui est bon pour lui, posséder un bon jugement, assumer une grande partie des tâches familiales, obéir à mes demandes d'aide et rentrer à l'heure convenue par moi, sans contester.

Comme parent, nous nous attendons à des performances de la part de notre enfant comparables à celles des autres enfants du même âge. Il m'est donc difficile d'accepter que le mien n'ait pas acquis les habiletés ou le comportement souhaités, même s'il n'a pas eu l'occasion de l'expérimenter ou de le développer, ou tout simplement parce qu'il n'a pas les attitudes pour le faire. Je me dis qu'à son âge, il ne devrait pas être comme ça. Il m'est difficile aussi, toujours parce que nous comparons et nous jugeons, d'accepter qu'il n'ait pas le potentiel, la dextérité, l'intérêt, la détermination ou le courage souhaité.

- J'ai un enfant très doué pour les sports, mais il n'aime pas le travail intellectuel. Il est peu intéressé et ne réussit pas très bien à l'école.

- J'ai un enfant fort. Il aime tout ce qui est rustre, bruyant. Par contre, il n'a aucune motricité fine, c'est-à-dire qu'il apprend très difficilement à faire ses boucles, a de la difficulté à tenir ses ustensiles, donc à manger proprement.

- J'ai un enfant désordonné, peu attentif à ses effets personnels.

Il arrive aussi que le parent, déçu du comportement immature et dépendant de son enfant, soit impatient. Il afflige alors celui-ci de blâmes. Ne vous laissez pas tromper par vos attentes. Acceptez cette situation comme un parcours, un temps pendant lequel vous aurez à récupérer. Dites-vous que cette situation évoluera, qu'elle n'a rien de catastrophique pour l'instant, car chaque enfant est différent, avec ses forces et ses faiblesses. Chacun évolue différemment, en fonction de ce qu'il est, de ses habiletés, de son potentiel. Certaines qualités se développent plus tard que d'autres. Soyez donc patient et tolérant par rapport au rythme d'apprentissage de votre enfant.

Voici une clé très efficace et très importante pour que cette étape de récupération ait tout son impact. Agissez en vous disant que votre enfant, bien qu'il ait six ou quatorze ans, est comme un petit dans ce domaine. Demandez-vous : « Comment ferais-je pour agir sur cette lacune, s'il n'avait qu'un, deux ou trois ans ? » Demandez-vous à partir de quel âge ce besoin n'a pas été comblé chez lui. Si vous l'ignorez, supposez qu'il a trois ans. Appliquez la solution qui vous semble adéquate. Cette nouvelle façon de le percevoir vous permettra d'être plus compréhensif, aimant et patient. Autrement, vous ne verrez que son âge et son incapacité, ce qui vous poussera à être davantage intolérant. Croyez-nous, cette piste est magique. N'accordez pas d'intérêt à ce qui n'est pas acquis. Agissez à partir de maintenant en lui permettant de développer ses aptitudes tout en comblant le besoin qui, chez lui, n'a pas été comblé. En effet, en agissant avec mon enfant de six ou quatorze ans comme je le ferais avec un enfant de trois ans, je lui permets d'apprendre et de développer cet aspect moins développé chez lui.

- Il est timide, inquiet, peu déterminé, égoïste, irresponsable, a un langage négatif envers lui et envers les autres, a peu confiance en lui, manque d'estime personnelle, etc. Je dois avoir la patience et la tolérance dont je ferais preuve avec un enfant de trois ans. Par rapport à certains apprentissages, je peux aussi imaginer l'attitude qui serait la mienne s'il venait d'un autre pays, puis agir de la sorte avec lui.

- Mathieu a sept ans. Il est timide, nerveux et peu sûr de lui. À la lumière du guide et des pistes suggérées, sa mère prend conscience de sa façon d'agir avec son enfant. En général, lorsque Mathieu a un comportement qui lui déplaît, elle lui adresse un regard foudroyant, le gronde sévèrement, l'éloigne d'elle en le confinant à sa chambre, se montre fermée, intolérante, le frappe, ou encore elle crie. Elle remarque qu'il a souvent peur de ses réactions et que l'attitude dont elle fait preuve est culpabilisante pour l'enfant.

Elle récupère. Ainsi, elle se montre tolérante envers le manque d'assurance de Mathieu et applique les pistes suggérées dans la section « Besoin de sécurité ». Elle s'interroge : « À partir de quel moment ce besoin n'a-t-il pas été comblé chez Mathieu ? » Si c'est depuis sa naissance, elle le comble comme on comble un petit complètement dépendant (de ce point de vue, c'est un nouveau-né). Elle fera preuve de patience et de tolérance envers lui, face à son manque d'assurance, comme si c'était un tout jeune enfant.

Si le manque vient du moment où elle a cessé de se consacrer du temps et d'en accorder à son fils, et qu'elle l'a placé en garderie lorsqu'il avait quatre ans, elle le comble et se dit intérieurement : « De ce point de vue (la sécurité), il a les besoins d'un enfant de quatre ans. Comment agirais-je s'il n'avait que quatre ans ? » Elle oriente son attitude en fonction de cette réflexion. Elle adapte ensuite ses interventions au fur et à mesure de son évolution. Comme on comble un petit complètement dépendant, elle le sécurise.

Plus l'enfant présente le comportement ou la maturité d'un enfant plus jeune que son âge véritable, plus je devrai accorder de l'importance à la récupération et à l'expression de mes appréciations.

À l'étape de la récupération, si mon enfant me rend un simple service, je lui dirai avec enthousiasme : « Tu m'as beaucoup aidé, j'apprécie le grand service que tu m'as rendu » comme je fais d'instinct avec un enfant très jeune, à qui je dirais : « Ah ! comme je suis content ! Tu m'as beaucoup aidé. » Son besoin de ressentir cette reconnaissance enthousiaste est aussi grand que celui d'un petit. Vous aurez l'impression d'exagérer, mais pour lui ce sera normal, puisqu'il est en manque. Plus j'en mets, plus je le comble et le nourris, plus vite il développera son plein potentiel.

Voici un bon repère sur lequel je peux me baser pour évaluer le degré d'enthousiasme à y investir : l'insistance devrait être proportionnelle à la différence de taille entre nous. Ainsi, plus il vieillit, moins j'en ajoute. S'il a trois ans (voir l'illustration ci-dessous), je mettrai un enthousiasme proportionnel à la différence entre sa taille et la mienne.

Plus il grandit, plus la différence entre nos tailles diminue. La situation est identique si je récupère : je le vois comme un petit enfant et j'investis l'énergie en conséquence. Plus il évolue, moins j'effectue de renforcement positif. La conscience apparaît à l'âge de raison (autour de sept ans). Avec le petit qui n'a pas atteint cet âge, j'en ajoute. Après sept ans, je me garde toutefois d'exagérer, sauf si je récupère.

On récupère parce qu'on a agi antérieurement en mettant l'accent sur le négatif, en imposant de la pression. On est donc à −1 ou à −2 dans la ligne destructrice, comme le démontre l'illustration à la page suivante.

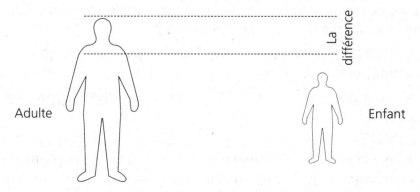

Plus la différence est grande, plus je mets d'enthousiasme.

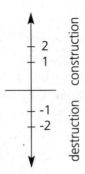

Je ne pars pas de zéro pour construire. Aussi, je dois insister avec la même intensité que je le faisais en mode négatif. Si je disais, sur un ton de blâme: «Que tu es bébé!», «Tu n'es vraiment pas gentil», «Tu es tellement paresseux», «Tu ne m'aides jamais», je dois mettre la même intensité pour refaire l'équilibre en disant: «Tu m'as rendu un grand service», «Tu es vraiment serviable», «Ça, c'est très responsable pour ton âge».

On a inhibé un enfant avec une grande intensité, on doit le reconstruire (récupérer) avec la même intensité. Cela me permettra de lâcher prise et de retourner aux valeurs fondamentales, de refaire cette réflexion: «Mon enfant, en tant qu'être, est-il plus important que mes attentes (idéaux) envers lui? Puis-je mettre mes attentes de côté et lui permettre d'évoluer? Celles-ci me rendent impatient, intolérant, voire arrogant. Puis-je lâcher prise et me concentrer plutôt sur ce qui est beau en lui, ici et maintenant? Puis-je le considérer comme unique, comme incomparable et tout simplement créer une relation enrichissante tant pour lui que pour moi?»

Ce lâcher-prise me permettra d'être plus patient, plus tolérant. Pour ne pas être en réaction, je dois passer à l'action.

Voici quelques exemples de récupération, illustrés par le cas d'Émilie.

- Émilie a douze ans. Elle passe le plus clair de ses temps libres assise à regarder la télé. Ses parents sont déçus du manque d'intérêt de leur fille pour ses travaux scolaires et les activités extérieures. Ils lui disent constamment:

« Veux-tu bien fermer cette télé ! », « Tu perds ton temps », « Tu es paresseuse », « Tu pourrais faire des sports, aller à la bibliothèque, jouer dehors », etc. Ils l'accusent sans cesse et lui donnent des ordres. Comme Émilie se rend compte qu'elle déçoit ses parents, l'attitude de ceux-ci ne fait qu'accentuer son inertie, en plus de lui donner un sentiment de culpabilité et de l'éloigner de ses parents.

S'ils récupèrent, c'est-à-dire qu'au lieu de voir Émilie négativement et de lui démontrer qu'elle est paresseuse et qu'elle manque d'intérêt (ce qui n'est pas leur but), ils évaluent leur part de responsabilité et l'aident à développer d'autres intérêts (ce qui constitue leur objectif).

À la lumière des pistes suggérées dans « Besoin d'être admiré par le parent » à la page 111, ceux-ci se rendent compte de la piètre complicité qu'ils ont développée avec leur fille en ne lui permettant pas d'expérimenter, en ne l'appuyant pas, en ne la soutenant pas dans ses expérimentations et en n'admirant pas ses compétences. Ils récupèrent, tout en tenant compte des goûts et de la personnalité d'Émilie.

- Émilie aime lire. Ils lui proposent des visites (parent-guide) à la bibliothèque, l'accompagnent et s'intéressent à ses lectures (parent-complice).

- Émilie aime garder les enfants de la famille. Sa mère lui propose de faire paraître des petites annonces pour offrir ses services comme gardienne d'enfants aux gens de leur ville (parent-guide). Elle participe à la rédaction de son offre de service, l'accompagne dans sa démarche et l'encourage dans sa nouvelle entreprise (parent-complice).

- Émilie aime les sports de raquette. Ses parents l'amènent jouer au badminton (parent-complice). Elle se montre enthousiaste par des cours offerts par la Ville. Ils l'inscrivent et la conduisent à ses cours (parent-complice).

- Émilie adore les chevaux. Son père lui propose des activités équestres qu'ils vont partager ensemble (parent-complice).

- Émilie s'intéresse peu à ses travaux scolaires. Elle bâcle en quelques minutes ses devoirs et ses leçons, et néglige même de faire certains travaux scolaires obligatoires. Sa mère lui propose de fixer un moment, chaque soir, où elles travailleront ensemble dans la même pièce, pour lui redonner le goût d'un travail accompli sans lui imposer de pression (parent-guide et parent-complice).

Il est même possible qu'Émilie commence à organiser elle-même son temps pour ses travaux scolaires en raison de ses nouvelles activités et de la prise en charge de nouvelles responsabilités. L'enthousiasme et l'intérêt développés dans une sphère ont souvent des effets positifs dans les autres.

Quand Émilie aura goûté aux plaisirs d'une vie plus remplie, ses parents pourront diminuer l'intensité de leur implication et elle sera davantage apte à se prendre en main. Ce nouveau rapport permettra souvent aux parents de refaire l'inventaire de leurs valeurs. Dans le cas d'Émilie, puisqu'elle a un grand besoin de complicité, ses parents ont investi du temps pour permettre à leur fille d'être plus active et de développer davantage ses intérêts et son potentiel.

Ils en retireront de grands profits. Plusieurs parents vivent de grandes souffrances du fait que leurs enfants manquent d'intérêt, sont apathiques et irresponsables. Un peu de complicité, pendant un certain temps, fait toute la différence.

Il ne faut pas oublier, par ailleurs, la puissance du modèle. Il s'agit d'une autre clé d'importance pour la réussite de cette récupération. Si, tout comme mon enfant, je vis certaines souffrances (je n'ai pas confiance en moi, je suis orgueilleux, je manque de structure, etc.), mon modèle est négatif, et c'est ce qu'il a développé. Si je remplis mes vides et présente à mon enfant un modèle positif de ce que j'aimerais qu'il développe, la vitesse d'intégration sera accélérée de beaucoup. Elle sera aussi proportionnelle aux changements positifs que j'apporterai en ce qui a trait à mes attitudes envers lui. À vous de jouer!

- Je lâche prise, il apprend à lâcher prise.
- Je suis respectueux, il peut développer le respect.

- J'exprime de la compassion, il peut être compatissant envers ses frères et sœurs.

Lorsqu'on entreprend de récupérer face à un besoin non comblé chez notre enfant, les premières expériences ou tentatives peuvent s'avérer décevantes. Nous nous attendons à un changement radical et immédiat. Or, c'est rarement le cas. Plusieurs réactions peuvent se produire chez l'enfant en fonction de son tempérament, de la gravité du besoin non comblé et de l'attitude des parents envers cet enfant ou son besoin.

Voici souvent ce qui se passe. Au début, le changement d'attitude du parent envers l'enfant a tendance à le dérouter. L'enfant ne sait pas si ce nouveau comportement est passager ou si le parent ne tente pas de le manipuler par une attention excessive. Résultat ? Au début, l'enfant ne change pas. Il teste plutôt son parent.

Si l'enfant a accumulé une émotion négative face à ce manque (déception, frustration, etc.), celle-ci est toujours présente en lui et l'empêche de communiquer réellement avec son parent. Quand ce dernier commence à combler ce besoin, l'enfant ne peut en profiter avant d'avoir dégagé et exprimé l'émotion qui empêche le besoin d'être comblé.

> Attention ! Au début de la récupération, plus il y a de refoulement accumulé, plus grand est le risque que l'enfant exprime ses colères et ses frustrations par rapport à ses manques. S'il ressent que ma complicité lui a manqué à un moment important pour lui, toutes les frustrations alors accumulées risquent de ressortir. Il est normal qu'il en soit ainsi. Ma persévérance sera récompensée. Ce n'est pas parce qu'il m'en veut ; c'est simplement que le mécanisme de libération normal s'amorce afin de le libérer des frustrations qu'il a accumulées. Ce mécanisme se met en branle automatiquement et inconsciemment quand une personne obtient ce qu'elle attend. L'enfant veut donc me mettre à l'épreuve. Est-il sincère ? se demande-t-il. Est-ce qu'il y croit vraiment ?

Souvent, le parent se décourage dès cette étape. Il cesse ses nouvelles actions et se dit que ses interventions n'aboutissent à rien. Erreur : même si elle est désagréable, une telle réaction de la part de l'enfant est saine. Elle signifie qu'il se vide des émotions négatives qu'il a accumulées pour faire place à ce qui est bon pour lui.

En outre, il est possible que l'enfant s'isole dans sa trop grande souffrance face à ce manque. À chaque tentative du parent, l'enfant joue l'indifférence. Il préfère ne pas reconnaître la nouvelle situation parce que celle-ci évoque les occasions où il en a été privé. Or, intérieurement, un processus de guérison s'opère doucement. Dans quelque temps, le « dragon » sortira et la plaie sera guérie.

Dans toutes ces circonstances, seules la persévérance et l'acceptation des réactions de votre enfant vous permettront enfin de le combler.

L'adolescent

Il est essentiel d'être conscient que l'adolescence est une importante période de transformation et que les besoins sont plus grands qu'ils ne l'étaient auparavant. Cette période constitue même un passage fort difficile pour certains. Il s'agit donc d'une étape où le jeune a grandement besoin du soutien et de la compréhension de ses parents, même s'il feint parfois de ne pas vouloir cette complicité. Certains parents, par ignorance, croient que l'adolescent est assez mature pour répondre à ses propres besoins et savoir ce qui est bon pour lui. Ainsi, quand il éprouve des difficultés, les parents estiment que ses sautes d'humeur, son arrogance, ses remises en question et son négativisme ne sont attribuables qu'à ce qu'ils appellent la « crise d'adolescence ». De ce fait, ils cessent d'intervenir et d'offrir leur soutien, leur compréhension et leur affection.

Par ailleurs, des parents frustrés par certains des comportements de leur adolescent et par leur manque de coopération perdent intérêt à s'engager dans cette relation qui, parfois, leur semble sans issue. Il est vrai qu'à l'occasion l'adolescent laisse paraître qu'il ne recherche pas l'implication de son parent dans sa vie personnelle, mais il a grandement besoin d'affection, de compréhension et de l'acceptation totale de ce qu'il est dans cette période où il forge son identité. Le parent doit alors comprendre qu'il n'a pas à s'imposer. La meilleure façon d'accompagner l'adolescent consistera à lui confirmer de nouveau notre soutien en lui démontrant :

notre disponibilité à son égard ;

notre affection ;

notre compréhension envers lui et ses difficultés ;

notre intérêt à continuer de le soutenir ;

l'importance qu'il revêt à nos yeux ;

notre satisfaction quant à ce qu'il devient ;

notre acceptation de ce qu'il est.

Il n'a surtout pas besoin de sentir que nous ne lui faisons pas confiance ; le contraire lui serait très néfaste. Plus il ressentirait notre résistance, plus il risquerait de se révolter ou d'arrêter d'expérimenter.

Moins les besoins du jeune enfant ont été comblés, plus difficile sera l'adolescence. Nous devons rester conscients que c'est par la « reconfirmation » de notre soutien et l'écoute de ses besoins qu'il ressentira notre implication, et que cette période se déroulera sans trop d'anicroches.

Par ailleurs, il ne faut pas oublier que plus nous nous sommes éloignés l'un de l'autre, plus grandes devront être notre persévérance et notre tolérance afin de recréer ce rapprochement. Aussi devrai-je toujours continuer à lui confirmer mon amour, mon soutien, ma compréhension, même s'il semble indifférent à mes interventions, du moins au début. Même s'il ne démontre pas de satisfaction, il ne faut pas oublier que mes marques de considération et de bienveillance lui font du bien. Je dois donc attendre un certain temps avant de constater l'impact de mes actions.

CHAPITRE 4

L'ÉCOUTE DES BESOINS

Les premiers besoins qu'éprouvent les enfants, et auxquels nous devons répondre en priorité, sont : être accueillis avec joie ; être acceptés comme des êtres merveilleux ; obtenir la nourriture nécessaire à leur croissance ; recevoir une affection chaleureuse et la protection contre les dangers et les accidents potentiels. Il est essentiel pour l'enfant de pouvoir compter sur une source de sécurité accueillante et inépuisable, d'être pris, touché, caressé, de sentir qu'on est aux petits soins avec lui. Toutes ces attentions l'aident à grandir sainement. Il aura aussi besoin de développer un sentiment d'appartenance fort, d'être écouté, compris, d'expérimenter et de se sentir compétent lorsqu'il le fait. Que ses parents soient fermes et lui mettent des balises, des limites pour sa protection et des structures contribue aussi à confirmer la prise en charge responsable de ses parents.

Être reconnu pour ce qu'il est vraiment avec ses qualités et ses défauts par un parent humble et capable d'avouer qu'il a des failles, qu'il fait des erreurs, permettra à l'enfant de se sentir différent. À l'exemple de son parent, il pourra lui aussi se reconnaître comme un être imparfait, en évolution. Il sera en mesure de vivre cette humilité garante d'une grande possibilité d'accomplissement personnel, celle-ci étant exempte de jalousie, de comparaison et de rivalité malsaine.

Seul, l'enfant ne peut répondre à ses besoins. Il a absolument besoin de la complicité du parent. Tous les enfants présentent les mêmes besoins, mais pas nécessairement avec la même intensité. Pour permettre à un enfant d'atteindre son équilibre, il suffit d'être à l'écoute de ses besoins spécifiques, et non pas de tenter de satisfaire les besoins de tous nos enfants d'égale façon. Il arrive, en parlant d'un de leurs enfants, que des parents se demandent : « Comment se fait-il que cet enfant soit si différent et si difficile à élever, alors qu'il a reçu les mêmes attentions que ses frères et sœurs ? Je l'ai pourtant élevé de la même façon que les autres. » Justement, c'est une erreur que d'intervenir d'une façon identique avec tous ses enfants ; il ne faut pas les élever de la même façon. On se doit de tenir compte des particularités de chacun. Cependant, tout ne repose pas sur les épaules du parent. Aussi bien intentionné soit-il, le parent n'est pas l'enfant ; celui-ci naît avec un bagage de forces, de difficultés, de différences, de limites et d'habiletés qui lui sont propres. De ce fait, même si je suis un bon parent, je peux avoir de la difficulté avec un certain type d'enfant.

Jusqu'à l'âge de deux ou trois ans, l'enfant est très dépendant. Aussi dois-je répondre à ses besoins le plus rapidement possible, sans quoi je devrai lui dire pourquoi je ne peux pas les combler immédiatement. Il développera ainsi une confiance et une force solides, qui lui permettront de prendre son envol ; il sera comblé, satisfait et heureux.

Vers six ou sept ans, l'enfant commence à acquérir des habiletés qui le rendent moins dépendant. Or, il l'est encore. Après l'âge de sept ans, il aura encore besoin de ma complicité pour satisfaire ses besoins, mais il pourra attendre, plus conscient de mes limites. Ce qui est important, c'est que toutes les limites ou contraintes lui soient expliquées. Il en comprendra mieux la raison, il se sentira respecté et me comprendra plus facilement. Il pensera : « Je suis quelqu'un, car on m'explique. » Autrement, il se dira : « Je ne comprends rien, je ne suis rien, on ne répond pas à mes besoins. »

Nous l'avons dit, l'adolescent a encore besoin de se faire « reconfirmer » qu'il est important pour moi et que je peux être son guide et son complice dans la satisfaction de ses besoins.

À l'image d'un vase plein, l'enfant a tout, en lui, dès la naissance. Puisque cet être entier est en évolution sur le plan de la dépendance, il a besoin des personnes qui l'entourent afin de maintenir ses réservoirs remplis et, ainsi, découvrir ses capacités et son potentiel.

Il est essentiel que vous compreniez bien ceci : l'enfant a conscience de son potentiel (vase). Toutefois, il a besoin de se le faire confirmer pour le voir et le reconnaître. En l'absence d'une confirmation d'une qualité ou d'une force, il croira qu'il ne la possède pas. Ici, il n'y a pas de milieu. Si je lui confirme son potentiel, si je reconnais l'être merveilleux qu'il est, il peut lui aussi le reconnaître et se développer. Je lui confirme ses forces, ses talents, ses capacités... Il peut les reconnaître à son tour et les développer. Par contre, si je ne lui confirme rien ou, pis encore, si je le dénigre, il ne croira pas posséder ce potentiel. Voyez-vous l'importance de reconnaître et de dire ? La différence entre le potentiel qu'il peut ressentir et ce qu'on lui confirme fera en sorte qu'il sera content ou frustré.

L'exemple d'un enfant présentant des aptitudes pour la création littéraire illustre bien notre propos.

• Le potentiel d'écrivain est déjà inné chez mon enfant. Seules l'expérimentation et la confirmation de cette force en lui, de la part d'une personne influente à ses yeux, vont l'aider à en prendre conscience. Le vase est déjà plein mais, sans confirmation, il ignorera qu'il possède ce potentiel, puisque les personnes les plus significatives dans sa vie ne le perçoivent pas.

Dire à un enfant qu'il a du talent (quand il l'a) lui révèle cette qualité. Par contre, ne pas le lui dire l'empêche de le découvrir. Il ne le verra pas si son parent ne le lui confirme pas. Il se conformera plutôt à l'image négative que lui renvoie le parent qui nourrit des attentes inappropriées à son endroit en lui disant, par exemple :

« Tu ne peux manger sans faire de dégâts ! »

« Qu'est-ce que tu peux être distrait ! »

« Tu ne pourras réussir dans ce sport ; tu n'as aucune souplesse. »

Les enfants négatifs et ingrats

1. Presque tous les enfants restent « accrochés » à des manques
    qu'ils ont vécus plus jeunes. Cette faille dans l'écoute de
    leurs besoins les a marqués au point où ils peuvent difficile-
    ment voir autre chose que ce manque.

    Aussi est-il important de démontrer à mon enfant que j'ai
    des attentions à son égard et de lui dire concrètement que je ré-
    ponds à ses besoins. Ceci lui procurera une vision réaliste des
    actions faites pour lui. Je lui dirai :

    « J'ai acheté ces raisins pour toi parce que je sais que tu les
    aimes » ;

    « C'est important pour toi d'aller à ce match, alors je t'y
    amène » ;

    « Tu aimes que je te raconte une histoire avant de t'endor-
    mir, alors je le fais ».

2. D'autres enfants développent également une attitude né-
    gative parce qu'ils ont trop de limites. En fait, ils sont dé-
    couragés par les restrictions qui leur sont imposées. Nous
    devrions revoir les demandes que nous faisons à chaque en-
    fant, selon son caractère. Cela nous permettrait de réduire
    nos exigences en fonction de sa réaction. Si on le sent apa-
    thique, peu intéressé, négatif et peu coopérant, il est pré-
    férable de réévaluer l'entente que nous avons conclue avec
    lui. Quel intérêt aurais-je à entretenir chez lui ce manque
    d'intérêt et d'enthousiasme, à le maintenir dans cette façon
    d'être ?

    Nous l'avons dit, la seule et unique fonction du parent est
de combler avec amour, le plus adéquatement possible, les
besoins de son enfant. Celui-ci est dépendant de son parent,
puisqu'il n'a ni la force physique, ni les habiletés, ni la force psy-
chique pour subvenir lui-même à ses besoins : un petit ne peut
changer sa couche ou s'habiller seul sans qu'on le lui apprenne ;
un adolescent a également besoin du soutien de ses parents pour
devenir un jeune adulte.

Cette responsabilité revient donc aux parents ou aux tuteurs. Ceux-ci ont également le devoir de se retirer aussitôt que l'enfant a acquis une nouvelle habileté, comme manger seul ou, plus tard, faire ses repas et son lavage seul. Ce qui ne veut pas dire qu'il ne faut plus jamais le faire. Ici, le bon sens prévaut. Il doit en être ainsi pour lui permettre de développer son autonomie, sa confiance en lui et son estime personnelle. C'est la responsabilité du parent d'éduquer, d'enseigner, de montrer à l'enfant graduellement ce qu'il doit apprendre pour qu'il puisse voler de ses propres ailes, sortir de la dépendance de son parent. Le but de l'éducation est d'amener les enfants à l'autonomie, et non pas à la dépendance.

La fonction parentale consiste à apprendre à son enfant à être responsable de ses besoins et à faire son éducation, tout en étant guide et complice. De cette façon, il pourra grandir en développant tout son potentiel et, ainsi, jouir de la liberté d'une pleine autonomie.

Les réservoirs

Le test « Évaluation des attitudes et des comportements » de vos enfants, que vous trouverez à la page 157, s'impose comme un bon moyen de savoir si votre enfant et vous êtes comblés dans chacun de vos besoins.

À l'aide de l'image des réservoirs gradués que vous trouverez à la suite de ce test, vous pouvez indiquer par une ligne, dans chaque réservoir, le niveau de satisfaction de vos besoins (voir l'exemple à la page 168).

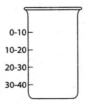

De plus, vous pouvez évaluer les répercussions à la fin des sections consacrées aux besoins. La partie « S'il est comblé » recense les qualités, les attitudes et les comportements de la personne chez qui le besoin est comblé. La partie « S'il n'est pas comblé » présente, quant à elle, les répercussions observables chez une personne dont le besoin n'est pas satisfait.

Vous aurez à mettre en pratique les pistes et les comportements suggérés afin de combler vos besoins et ceux de votre enfant. Pour celui-ci, appliquez toutes les pistes, car tous les besoins doivent être satisfaits. Accordez plus d'importance aux pistes concernant les besoins primordiaux. Pratiquez-les pendant un certain temps, c'est-à-dire jusqu'à ce que l'enfant soit apte à prendre la relève.

Ainsi, je gratifie mon enfant et j'admire ses forces. Après un certain temps, je me rends compte qu'il se perçoit positivement et qu'il est conscient de son potentiel. Déterminé, il a confiance en lui. Je continue à détecter son potentiel. Cependant, je n'ai plus à y mettre autant d'énergie.

Si vous n'avez pas suivi de façon naturelle, dès la naissance de votre enfant, les pistes proposées pour chaque besoin, vous pouvez consulter le guide « Récupération », à la fin de chaque chapitre relatif aux besoins. Fait à noter, la démarche sera différente si elle est entreprise plus tard et que vous devez récupérer. En effet, dans tous les cas, si vous n'avez pas appliqué ces pistes de façon positive, vous l'avez malheureusement fait de manière négative. Il faudra en tenir compte.

Pour mon bien-être : il est dans mon intérêt de tenir les réservoirs de mon enfant à plein, pour ne pas me faire « siphonner » parce que mon enfant a développé des attitudes ou des comportements inadéquats.

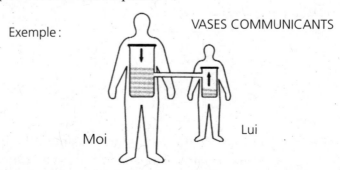

Le parent se fait « siphonner » parce que le vase de son enfant n'est pas très rempli.

Je peux faire le test pour moi

Si certains de mes besoins ne sont pas comblés, il me sera difficile de combler ceux de mon enfant. Adulte, n'ayant plus mes
parents pour combler mes besoins, je devrai y arriver par moi-
même.

En effet, je peux prendre la responsabilité de mon bien-être
en appliquant ces mêmes pistes. Ainsi, je joue à la fois le rôle
de papa et maman à mon égard pendant un certain temps, selon
mes propres besoins.

Je me nourris extérieurement des attentions suivantes:

Je me procure une nourriture saine, nécessaire à mon bien-
être;

Je prends soin de moi, selon le besoin;

J'ose demander;

Je me donne du temps;

Je tiens compte de ce que j'aime et de ce que je n'aime pas;

J'apprends à recevoir.

Je me nourris intérieurement:

Je me dis les attentions que j'ai pour moi;

Je m'apporte du réconfort quand j'éprouve une difficulté;

Je me gratifie;

Je m'adresse des paroles bienveillantes;

Je remarque mes points forts;

Je me félicite pour chacun des progrès que je réalise.

J'endosse aussi le rôle de mère et de père pour moi, dans les
domaines où je manque de structures et d'encadrement (ce qui
nuit à mon bien-être). Par des moyens concrets, j'impose une
discipline à cet enfant qui est en moi afin de me sécuriser[2].

---

2.   Pour une application concrète de ces pistes, voir le chapitre 7, à la page
      173.

Les grands besoins ou les grands réservoirs

Il arrive que certains parents estiment qu'un de leurs enfants demande beaucoup d'attention et s'avère plus difficile à combler. En effet, certains enfants semblent avoir des réservoirs plus grands que d'autres.

Voici une liste d'éléments susceptibles de vous aider à mieux composer avec ce type d'enfant, à mieux l'accompagner :

1. Évidemment, il est important de trouver le besoin spécifique qui n'a pas été comblé chez cet enfant (voir le test « Évaluation des attitudes et des comportements », à la page 157).

2. En connaissant ce besoin, vous appliquez les pistes recommandées pour le combler en mettant beaucoup d'énergie sur celui dont le réservoir est au plus bas. N'oubliez pas de combler également les autres besoins en leur accordant toutefois moins d'insistance.

3. Il est possible aussi que, bien que vous ayez nourri votre enfant dans ses besoins, vous ayez l'impression que, dans certains domaines, il souffre de carences. Votre enfant possède probablement un très grand réservoir parce qu'il a (et il s'agit d'une bonne nouvelle) un potentiel très élevé dans le champ spécifique à ce besoin.

Lorsque le potentiel est grand, l'enfant a besoin de beaucoup de nourriture pour maintenir son réservoir plein. De là l'impression que vous ne fournissez pas toujours à la demande.

Les grands besoins et les forces qui s'y rattachent

Votre enfant a un très grand réservoir à combler ? Il est possible qu'il possède la force qui accompagne généralement ce besoin, comme le démontre la liste suivante. Par ailleurs, n'oubliez pas que si un besoin n'est pas suffisamment comblé, l'enfant peut le combler par son contraire.

Grand besoin de sécurité

Exceptionnellement, aucune force spécifique ne s'applique au besoin de sécurité, puisqu'il se répercute sur tous les autres. Par contre, s'il est comblé dans ce besoin, il développera beaucoup d'assurance.

Grand besoin d'être gratifié

Sa grande force : le leadership. Ses qualités : détermination, lutte, combativité.

Grand besoin d'avoir la satisfaction du parent

Sa grande force : son sens artistique. Ses qualités : créativité, intuition, joie de vivre, bon sens.

Grand besoin d'être admiré dans l'expérimentation

Sa grande force : la persévérance. Ses qualités : courage, motivation, sens de l'organisation.

Grand besoin d'avoir la compassion du parent

Sa grande force : la responsabilité. Ses qualités : esprit de collaboration et de partage, grande ouverture envers soi et envers les autres.

Grand besoin d'être important

Sa grande force : la communication, l'art oratoire. Ses qualités : magnétisme, influence, estime de soi, sens de la justice.

Grand besoin d'acceptation, de reconnaissance

Sa grande force : l'authenticité, la capacité d'aimer véritablement. Ses qualités : patience, tolérance, acceptation de soi et des autres.

Grand besoin d'humilité

Sa grande force : l'humilité, la simplicité. Ses qualités : capacité d'unir, transparence, sagesse.

Ce qu'il faut retenir face aux besoins de l'enfant

- Je le nourris extérieurement : je réponds à ses besoins, le comble.

- Je le nourris intérieurement : je lui dis ce que je fais pour lui et ce qu'il est pour moi.

- Un besoin est vital : il est donc impossible de gâter un enfant en répondant à ses besoins. Il est important de faire la différence entre besoin et désir. Si vous avez faim (besoin), vous devez manger. Or, vous pouvez trop manger. Cela relève alors de la gourmandise (désir) et n'a plus rien à voir avec ce besoin qu'est la faim. Soyez à l'écoute afin de faire la distinction entre désir et besoin.

- Plus un enfant est petit, plus on doit le valoriser, faire ressortir l'expression de ce qu'on lui dit : « Wow ! c'est super ! »

- Plus il est grand, moins on insiste, sauf si on est à l'étape de la récupération.

- Pour répondre aux besoins, je tiens compte de la maturité de l'enfant. J'y mets beaucoup d'enthousiasme, mais je n'oublie pas que si je m'adresse à un adolescent, je ne lui dis pas, par exemple : « Il y a une place juste pour toi dans mon cœur. » Il croira que je suis malade ou qu'il est vraiment mal en point !

- Il se peut que l'enfant ait un grand réservoir pour un ou plusieurs besoins et, par conséquent, un grand potentiel dans un ou de nombreux domaines.

Ce qu'il faut retenir
sur la récupération de l'enfant

- Lorsque je récupère, je ne tiens pas compte de l'âge actuel de mon enfant. J'ignore son âge et je tiens plutôt compte de l'âge comportemental de l'enfant, une attitude qui permettra à mes interventions d'être efficaces, comprises et intégrées.

Par exemple, mon enfant a dix ans, mais il agit comme s'il avait trois ans. Je me comporte donc avec lui et je le comble (mais seulement dans ce domaine) comme s'il était un tout-petit.

- Je deviens un modèle de ce que j'aimerais qu'il développe ; ainsi, il l'acquiert plus rapidement.

- À noter : il est possible qu'au début du processus de récupération, l'enfant exprime toutes les frustrations accumulées face à ses manques antérieurs. Il ne faut surtout pas abandonner.

Comprendre les souffrances et leurs causes

Cessons de voir nos enfants, les autres et nous-mêmes comme de mauvaises personnes qui ne correspondent pas, sur certains aspects, aux standards de vertus. Cessons de les voir comme des personnes coupables, malintentionnées, malveillantes ou asociales ; voyons-les plutôt comme des êtres véhiculant un manque fondamental. Cessons de les voir comme des personnes méchantes, voyons-les comme des personnes souffrantes.

- On ne naît pas avec une façon d'être négative ; on le devient par manque d'être comblé dans un besoin fondamental.

- On ne naît pas jaloux ; on le devient parce qu'on souffre de ne pas s'être senti accepté et d'avoir pris la relève de nos parents en ne s'acceptant pas plus que nous nous sommes sentis acceptés par eux.

SOUFFRANCES

BESOIN

ON SOUFFRE	PAR MANQUE
D'avoir peur, d'inquiétude, de stress, d'agitation, de tension.	**DE SÉCURITÉ** De soins bienveillants, de réconfort, d'affection et d'encadrement.
D'être colérique, de frustration, de manque de détermination.	**DE GRATIFICATION** D'affirmations positives, d'appréciation.
D'affirmations positives, d'appréciation. De tristesse, de tout percevoir en négatif, d'être souvent déçu, de n'être jamais content, d'avoir tendance à critiquer tout et rien, d'être pessimiste, sarcastique.	**DE SATISFACTION** D'optimisme, de joie.
D'être paresseux, de manquer de courage, de volonté, de sentiment d'infériorité ou, à l'inverse, d'être arrogant.	**D'ADMIRATION** D'encouragement, de motivation.
D'être égoïste, d'être indifférent ou trop sensible, d'avoir de la difficulté à partager, d'être envieux, avare.	**DE COMPASSION** De compréhension, qu'on ne tienne pas compte de moi.
De non-expression, d'être fermé, de se sentir insignifiant, sans valeur, de manque de respect.	**D'IMPORTANCE** D'attention, de temps consacré à moi, d'écoute.
De jalousie, de rejet, d'avoir tendance à juger, d'être dur envers soi-même et envers les autres.	**D'ACCEPTATION** D'amour inconditionnel, de tolérance, de patience.
D'être orgueilleux, d'être vaniteux, d'être tendu, irritable, arrogant, rigide, sévère, de manquer de flexibilité et d'ouverture.	**D'HUMILITÉ** De lâcher-prise, de simplicité, de flexibilité, d'ouverture.

Les gens ne sont pas méchants : ils souffrent intérieurement en silence (exemple : manque de compréhension). Ils tentent de se faire comprendre des autres d'une façon inadéquate, par leurs attitudes et leurs comportements que l'on perçoit souvent comme dérangeants (exemples : égoïsme, indifférence).

Face à ces façons d'être, nous sommes aveuglés par nos attentes, nous jugeons et nous nous laissons atteindre par leurs comportements. Nous ne nous arrêtons qu'à l'impact négatif que cela a sur nous, plutôt que sur la souffrance, le cri d'alarme qu'ils tentent d'exprimer… L'autre reste dans sa souffrance. Nous n'avons rien compris et nous en souffrons tous les deux.

Nous vous invitons à faire confiance à notre guide et à mettre en application toutes les pistes qui y sont suggérées. Elles vous assureront du plein accomplissement de votre tâche de parent, laquelle consiste à répondre aux besoins de votre enfant (non pas à ses moindres désirs), ce qui est vital pour son équilibre.

Suivre ces pistes, c'est s'offrir une promesse de joie et de satisfaction, la garantie d'une prise en charge adéquate de votre rôle de parent. Ce que vous sèmerez en suivant ce guide vous permettra de vivre une grande sérénité. La récolte sera abondante et heureuse.

Avant de poursuivre votre lecture, nous vous invitons à remplir le questionnaire intitulé « Évaluation des attitudes et des comportements », à la page 157. Il vous permettra de cerner les besoins les plus carencés et d'appliquer les pistes de solutions le plus rapidement possible afin d'être en mesure de bien comprendre l'importance et l'efficacité de ce guide.

CHAPITRE 5

LES BESOINS

Un véritable mode d'emploi
pour assumer pleinement votre rôle de parent

Je mets en application ces pistes pour moi, pour me sentir bien, car lorsque mon enfant est comblé, il se réalise et développe son potentiel. Cette situation a donc un impact positif sur nous deux.

Au contraire, lorsqu'il n'est pas comblé, il développe des comportements inadéquats, qui nous amènent des souffrances et des frustrations continuelles.

Notez que les moyens énoncés pour chacun des besoins suivants ne sont pas classés par ordre d'importance. Tous sont importants et doivent être mis en application par le parent. L'ordre numérique n'a été employé que pour faciliter la lecture et, par conséquent, la compréhension.

BLOC A

Besoin d'avoir la sécurité du parent

À tout moment, le nourrisson ou le jeune enfant a besoin de nourriture, de chaleur, d'affection, de réconfort et de protection. Complètement soumis à ses parents, il a besoin de ressentir sans l'ombre d'un doute qu'il peut se fier à quelqu'un pour combler ses besoins d'une façon adéquate. Comblé, il développera de l'assurance, conforté par la force que lui procure le sentiment que quelqu'un le prend en charge de façon responsable, et il percevra le monde comme un endroit sûr. Par contre, si ce besoin n'est pas comblé, il développera des peurs, voire un sentiment d'insécurité susceptible de l'affecter jusqu'à l'âge adulte.

Pour que l'enfant ressente de la sécurité, nous vous proposons quelques moyens à la fois simples et efficaces. Le premier moyen consiste à lui procurer une nourriture adéquate, nécessaire à sa croissance, ainsi que de la chaleur, de l'affection et du réconfort chaque fois qu'il en a besoin, tout en lui confirmant verbalement ce que je fais pour lui. De plus, pendant un certain temps, je comblerai aussi son besoin de protection. En effet, trop jeune pour se protéger des éléments extérieurs ou d'autres personnes, il a besoin que je sois là pour lui. Je ne laisse donc jamais personne mettre de la pression sur mon enfant. J'agis non pas comme un défenseur agressif et arrogant, mais comme un protecteur respectueux de tous.

Le deuxième moyen de combler son besoin de sécurité consiste à répondre à ses besoins de base le plus rapidement possible. Si je ne peux le faire immédiatement, je lui expliquerai la raison qui m'empêche de le faire. Même s'il est tout petit, l'explication le réconforte, car bien qu'il ne saisisse pas le sens des mots, il perçoit le sens de mon intention dans les nuances de l'expression. Il s'affirme en pleurant ou en criant. Si le parent répond à son besoin, il ressent: « Je suis quelqu'un, on me satisfait. » Sinon, il se sent frustré, déçu. Quel que soit le besoin (boire, manger, être changé de couche, réchauffé, caressé, compris, réconforté, etc.), il est relativement facile de le combler. Si j'attends trop longtemps pour le satisfaire, il a le sentiment que je ne réponds pas à son besoin. Je devrais donc m'y mettre aussitôt que possible. Plus tard, ayant la capacité de mieux comprendre, il pourra attendre davantage avant que son besoin soit comblé.

Le troisième moyen est tout aussi capital. Pour se sentir en sécurité, l'enfant doit être certain que j'aime m'occuper de lui. En effet, l'un des aspects qui l'insécurise le plus, c'est le sentiment qu'il s'avère un fardeau pour son parent. Essayez d'imaginer son angoisse, ses peurs, sa culpabilité et son déséquilibre s'il pense que la personne dont il dépend totalement n'aime pas s'occuper de lui. D'ailleurs, c'est souvent de ce manque que provient la peur de déranger ou d'être de trop.

Au lieu de dire :

« Je n'ai pas que ça à faire. »

« Tu me coûtes cher. Je ne paierai pas ça pour un enfant. »

« Tu me déranges. »

« C'est déjà toi ! Tu ne devais pas arriver à seize heures ? »

« Trouve un moyen pour te voyager seul. »

« Je n'ai pas de temps à perdre à t'attendre. »

« Je démissionne de mon rôle de parent. Je suis tanné de... »

J'affirmerai (puisque je fais déjà ces choses pour lui) :

En prenant soin de lui : « J'aime m'occuper de toi. »

J'achète tous les effets demandés sur la liste scolaire : « C'est important pour moi que tu aies tout ce qu'il te faut pour l'école. »

Je fais une activité avec lui : « Rien ne me fait plus plaisir que de passer du temps avec toi. »

Je vais le border le soir : « J'aime avoir la chance de te border. »

Il me raconte ses joies ou ses peines : « J'aime t'écouter. »

J'ai fait le repas : « J'ai préparé les pâtes comme tu les aimes. »

Tout bonnement : « J'aime être ton papa (ou ta maman). »

Imaginez ce que vous seriez aujourd'hui si on vous avait dit de telles paroles... Si on avait été là, à l'écoute de vos besoins d'enfant. Imaginez aussi la nouvelle programmation qui s'effectue sur le plan de la réalisation du potentiel d'un enfant lorsqu'on passe du négatif (Au lieu de dire) au positif (J'affirmerai)... Imaginez toutes les forces que j'ajoute et toutes les souffrances que j'évite par ce moyen. Voyez toute l'importance de suivre ces pistes pour vous comme pour vos enfants.

Ainsi, il se sentira accueilli, comblé, et non pas comme un poids pour le parent. Il se sentira accepté, aimé... en sécurité !

La quatrième piste pour combler ce besoin de sécurité consiste à entrer en contact avec l'enfant, par le toucher. Il est bon de multiplier ces occasions de toucher tant avec nos petits qu'avec nos plus grands. Le besoin de contacts physiques est aussi fondamental que la faim et la soif. Si vous avez eu, dans votre enfance, la chance d'être touché par un parent complice, aimant et bienveillant, vous pouvez sûrement vous remémorer l'impact positif qu'ont eu sur vous ces marques sécurisantes et gratifiantes. Vous connaissez également la puissance de leur effet sur la valeur et l'estime personnelle d'un enfant. Grâce à un geste amical, l'enfant se sentira soutenu, épaulé, approuvé, gratifié et reconnu. Un toucher réconfortant lui permettra de se sentir appuyé, consolé, aimé et compris. En effet, les touchers sont d'une très grande puissance. Les hommes politiques en connaissent l'impact et les distribuent allègrement. Plusieurs citoyens se disent: « Il m'a touché, je suis quelqu'un. » Ne vous privez pas de ces gestes. Vous êtes comme un dieu pour votre enfant. Aussi, votre regard émerveillé et approbateur aura-t-il un effet des plus bénéfiques sur lui.

Autant mon enfant ou mon adolescent sera nourri par les touchers bienveillants que je lui prodiguerai, autant il sera détruit par des touchers brusques et parfois violents, pour lesquels il ressentira du rejet. Autant je me nourrirai de la douceur que je lui prodiguerai, autant je souffrirai de la brutalité que je déverserai sur lui. Il est à noter que l'absence de toucher est nocive pour l'être humain; un grand nombre d'individus en souffrent d'ailleurs. Qu'ils soient conscients ou non de la dynamique implicite à cette réaction, ils n'aiment pas être touchés, car cela les rend mal à l'aise ou, à l'opposé, ils les recherchent sans cesse.

Le fait d'entrer en contact avec votre enfant par le toucher, le regard, le sourire et, en plus, de lui exprimer par des mots ce que je vis, ce que je ressens, ce que je fais et ce que je vois, stimulera ses sens. Le contact permettra de développer plus rapidement son processus d'apprentissage social, émotif, intellectuel, ainsi que son développement neurophysiologique et sa motricité.

Par conséquent, il communiquera plus facilement, parlera et connaîtra ses couleurs plus vite, développera une bonne coordination et plusieurs autres aptitudes qui favoriseront son autonomie.

Par ailleurs, le contact physique sécurisant des parents aidera le jeune à mieux vivre cette période contradictoire qu'est l'adolescence.

Le cinquième moyen de sécuriser l'enfant, c'est de l'inclure, de l'accueillir avec toute l'importance qu'il a en lui faisant vivre un sentiment rassurant d'appartenance à la famille. Il a besoin de savoir qu'il a « sa place à lui », que son parent « est là pour lui », qu'il « s'engage envers lui » et le prend en charge adéquatement.

Il faut lui dire aussi: « Tu es mon garçon (ou ma fille)» et voir ce qui est beau en lui, pour le lui refléter le plus souvent possible. L'enfant se dit alors: «Je peux me réaliser en toute sécurité. Je n'ai pas peur, car mon parent s'occupe de moi d'une façon responsable. »

La mère a déjà une relation intime avec l'enfant par la grossesse. Le père, lui, doit apprivoiser sa relation avec cet enfant, le reconnaître, pour créer ce sentiment d'appartenance, ce sens de l'engagement envers sa progéniture et, ainsi, permettre l'épanouissement de leur relation.

Le sixième moyen vise à maintenir une certaine constance dans les interventions. Il n'est pas obligatoire d'être toujours

Je ne suis pas toujours constant et c'est normal.

constant dans notre façon d'être avec les enfants, car différents facteurs peuvent influencer ces changements, comme notre humeur, l'environnement et la personnalité de l'enfant

Toutefois, une certaine rigueur dans notre façon de nous comporter avec notre enfant devrait être omniprésente afin de lui permettre de se sentir en confiance. En effet, il est très déroutant pour un enfant d'être confronté à des comportements contradictoires, pour lesquels il n'a aucune référence sûre.

Des sautes d'humeur, de la colère et même de la rage parfois violente, suivies de marques de tendresse et d'affection effrénées, le perturbent énormément. Il devient vulnérable, tendu, inquiet... et toujours sur ses gardes.

Une inconstance trop accentuée (hauts et bas excessifs) rend tout enfant inquiet et finit par avoir raison de son sentiment de sécurité. En voici un exemple :

Gabriel a six ans. Depuis quelques jours, sa mère lui demande de ranger sa chambre, mais en vain. Aujourd'hui, elle a connu une mauvaise journée ; des soucis l'accablent. Lorsqu'elle passe devant la chambre de son fils, elle le voit jouer par terre, au cœur du désordre. Elle éclate, crie, lui disant qu'il ne fait jamais ce qu'elle lui demande et le frappe.

Grande colère

Grande marque d'affection

Elle a perdu le contrôle. Sa réaction, qu'elle regrette aussitôt, était démesurée. Gabriel sanglote. Elle le prend dans ses bras, s'excuse, lui dit qu'elle l'aime et qu'elle ne recommencera plus.

Demain ou dans quelques jours, elle recommencera. Elle criera, frappera à nouveau, tant qu'elle n'aura pas d'abord appris à contrôler ses impulsions, à exprimer ses émotions le plus tôt possible et à se distancier de ses attentes. Elle devra apprendre et expérimenter de nouvelles méthodes pour entrer en relation avec son fils et obtenir sa collaboration.

Chez les enfants dont les parents ont ce type de comportement, on remarquera l'apparition de différents troubles : nervosité, cauchemars, angoisses, peurs, tics, comportements dépressifs, sentiment de culpabilité, faible estime personnelle, tension, découragement, ressentiment, etc.

Les différences de valeurs entre les parents

La différence parfois trop grande entre les interventions des parents en ce qui a trait à la discipline de leur enfant constitue un autre élément dommageable pour celui-ci sur le plan de la sécurité.

Devant une même demande de l'enfant (par exemple, il demande une permission), papa dit non et maman oui. Ce genre d'attitude déséquilibre l'enfant et l'amène à présenter des comportements déstabilisants ; il ne sait plus s'il peut ou non. Par exemple, maman permet à Nicolas de courir dans la maison, mais quand papa arrive, il n'a plus ce droit. Il finit par ne plus savoir s'il peut courir ou non. De plus, il se sent coupable d'être la cause de la mésentente qui sévit entre ses parents. Cela le perturbe beaucoup ; il vit de la pression, se sent inquiet et devient nerveux.

Les parents qui partagent l'éducation d'un enfant devraient procéder, ensemble, à l'inventaire de leurs valeurs et s'entendre sur les façons d'intervenir. Aucun ne doit emprunter les valeurs de l'autre, car chaque parent est différent. Ils doivent toutefois s'entendre sur les règles de base afin d'offrir à l'enfant un milieu à la fois constant et sécurisant.

Dans le cas de Nicolas, les parents pourraient s'entendre afin que chacun développe plus d'équilibre dans son rôle parental. Si la mère est généralement plus permissive, elle aurait avantage à s'engager à être plus ferme sur certains aspects. À l'inverse, si le père est plus autoritaire, il pourrait s'engager à fournir plus de soutien à son enfant et à développer davantage de complicité avec celui-ci.

Le septième moyen de sécuriser l'enfant consiste à l'encadrer et à le structurer en utilisant avec bienveillance son pouvoir et son autorité sur lui. Pour se sentir en sécurité, il a besoin d'être encadré par un parent qui lui impose des balises fermes dans certains domaines. Il faut à l'enfant des règles et des limites destinées à le protéger lorsqu'il y a danger, ou encore quand il présente des comportements qui pourraient lui nuire (actuellement ou plus tard) ou être dommageables aux autres. Dans ces moments, il a besoin d'un guide rassurant et fiable, de quelqu'un qui prend la décision pour lui parce qu'il n'a pas la maturité de se guider seul.

Encore là, il est important que je lui explique le pourquoi.

1. La raison de ces limites : pourquoi je l'oblige à ceci ou je lui interdis cela. Je lui démontre le danger ou la nuisance. Je dois aussi lui dire que mes « non » actuels ne veulent pas dire jamais et que mes « oui » actuels ne veulent pas dire toujours. Parfois, mes « oui » et mes « non » dépendent d'éléments tels que ma présence dans la circonstance, son âge, ses capacités ou certains aspects que je peux considérer comme nuisibles pour lui. Par exemple, j'affirmerai : « Tu ne peux te faire à manger sur la cuisinière. Actuellement, c'est moi qui le fais. Plus tard, tu pourras cuisiner tes propres repas. »

2. Je dis aussi que c'est ma responsabilité, mon rôle de parent, d'intervenir ou d'être ferme dans ces situations.

3. De plus, il est bon qu'il entende aussi « la vraie raison », c'est-à-dire que j'agis ainsi parce que je veux éviter qu'il lui arrive quelque chose de fâcheux et que je tiens à lui. Je lui confirme ainsi mon amour.

Voici un exemple qui illustre ces trois points:

« Tu ne peux aller à cet endroit parce que : 1. c'est loin et dangereux, et je ne peux te permettre de revenir à une heure aussi tardive (danger); 2. c'est ma responsabilité de parent; 3. je tiens à toi et je m'en voudrais s'il t'arrivait quelque chose. »

Si ces trois éléments sont compris dans l'explication et que le parent a une bonne relation avec son enfant, il est rare que celui-ci ou même l'adolescent s'oppose fortement à la limite imposée.

Si le parent n'est pas trop sûr de lui, s'il se sent coupable de restreindre son enfant ou son adolescent, celui-ci le ressent et essaie d'argumenter afin d'obtenir ce qu'il veut. Si je suis persuadé qu'il y a danger ou nuisance, c'est à moi de prendre la décision et de la lui imposer.

L'autorité du parent entraîne forcément une frustration chez le jeune; toutefois, elle le sécurise. En effet, comme ils ne peuvent contrôler certaines de leurs pulsions, l'enfant et l'adolescent ont besoin de se référer à des personnes d'autorité. Ils sont incapables, face à différents aspects, de se prendre en main sans supervision. Par ailleurs, il ne faut pas oublier qu'il est vital de maintenir, en tout temps, un bon lien de communication avec eux si l'on souhaite obtenir leur écoute et leur participation.

Le huitième moyen consiste à fournir une nourriture intérieure à mon enfant. Cette piste s'avère la clé la plus importante pour combler réellement ce besoin de sécurité. En plus de le combler extérieurement, je lui exprime que je suis attentif à ses besoins. Je lui dis ce que je fais pour lui afin de le nourrir intérieurement et qu'il se sente accepté face à ses besoins.

Je réponds à son besoin de sécurité et entre en communication avec lui. En lui disant ce que je fais pour lui, je lui confirme que je le prends en charge d'une façon responsable. Par exemple, je dirai à un petit, en changeant sa couche souillée : « Je vais te changer tout de suite et tu seras plus à l'aise. » En lui donnant son boire, je dirai : « Tu avais vraiment soif. Cela te fera du bien. » Par ailleurs, si on nourrit l'enfant au biberon, il ne faut pas oublier d'exprimer de l'affection en le prenant dans nos bras. Quant à l'adolescent, j'affirmerai : « Je vois que c'est difficile avec ton professeur. Aimerais-tu que j'aille le rencontrer ? (protection) » Je pourrai aussi lui démontrer de l'empathie dans d'autres circonstances en affirmant, par exemple : « Je te comprends, avec les changements physiques et psychologiques que tu vis... »

Voici d'autres exemples de paroles qui lui confirment mon dévouement envers lui :

« J'ai ajouté des pâtes dans ta soupe. Je sais que tu les aimes. »

« J'aime prendre soin de toi. »

« Je me sens bien avec toi. »

« Je suis là si tu as des problèmes. »

« J'aime ça quand tu ris. »

Si je n'éprouve pas les sentiments dont s'accompagnent ces paroles, je n'ai pas à les exprimer. Je me mentirais à moi-même et l'enfant ressentirait le caractère factice de ce message. Je dois cependant conserver en mémoire que ces mots sont vitaux pour son développement. Il sera donc bon d'appliquer ces interventions quand je les ressentirai vraiment, au moment opportun.

Il est difficile pour certains parents d'émettre des paroles bienveillantes ou des mots d'encouragement parce qu'ils ne l'ont jamais fait jusqu'ici. Souvent, ce type de pensées ou de paroles leur viennent à l'esprit, mais seulement après être intervenus auprès de leur enfant : « J'aurais pu lui dire : "J'apprécie quand tu m'aides à faire la vaisselle. Ça me fait gagner du temps et ça a été un moment agréable." »

Il serait souhaitable, dès que possible, de communiquer ces paroles bienveillantes et sécurisantes que nous n'avons pas dites au moment opportun. Nous pouvons profiter d'un autre moment, à l'heure du coucher par exemple, pour exprimer ces paroles si nourrissantes et rassurantes pour notre enfant. Sinon, elles seront perdues à jamais, tel un trésor oublié.

Par ces moyens, je serai une source de sécurité inépuisable pour mon enfant. Nourri dans ses besoins de base, il sera en me-

LES RÉPERCUSSIONS

Si le besoin de sécurité de mon enfant est comblé : il se sent bien, est confiant ; il ressent de l'assurance, de la confiance, de la joie et de la détente.

S'il n'est pas comblé, il en souffre. Il vit de l'insécurité, se sent tendu. Il ressent de l'inquiétude, du stress, de l'agitation, des peurs. Il peut avoir des tics, faire des cauchemars, uriner au lit, souffrir de troubles de concentration, être plus lent ou plus agité, etc.

À partir d'aujourd'hui, je m'engage à combler le besoin de sécurité de mon enfant en suivant les pistes suivantes.

Nourriture extérieure

1. Je lui procurerai nourriture, chaleur, affection, réconfort et protection chaque fois qu'il en aura besoin.

2. Je répondrai à ses besoins de base le plus rapidement possible.

3. Je lui démontrerai que j'aime m'occuper de lui.

4. J'entrerai en contact avec lui par le toucher, avec un regard accueillant, un sourire approbateur.

5. Je lui ferai vivre un sentiment d'appartenance en lui démontrant qu'il a « sa place », que « je suis là pour lui » et que je le prends en charge d'une façon responsable.

6. Je serai constant dans mes interventions.

7. Je l'encadrerai en lui imposant des balises, en étant ferme, chaque fois qu'il y aura présence d'un danger ou d'une nuisance.

Nourriture intérieure

8. Je lui dirai ce que je fais pour lui et que j'aime m'occuper de lui.

sure de vivre pleinement. Dans le cas contraire, il devra survivre, handicapé, bloqué par des craintes de toutes sortes qui le paralyseront et l'empêcheront de se développer réellement.

Récupération – besoin de sécurité[3]

Puisque ce besoin est vital pour mon enfant, je le comble. Si je ne l'ai pas fait, je commence dès aujourd'hui en ne tenant pas compte de son âge. Dans ce domaine, il est tout petit.

---

3. Pour un exemple de récupération en ce qui a trait au besoin de sécurité, voir le cas de Mathieu, à la page 52.

BLOC B

Besoin d'être gratifié par le parent

Tous les parents aiment que leur enfant soit déterminé, entreprenant. Voici quelques moyens très efficaces par lesquels votre enfant maintiendra et développera son esprit d'initiative, son désir d'entreprendre, d'apporter quelque chose aux autres, de se sentir utile, d'occuper une place bien à lui dans ce monde, d'avoir une existence propre. Ainsi, il pourra s'ancrer et se réaliser, ce qui se manifestera différemment selon sa personnalité ou son âge.

Pour un petit :

s'affirmer ;

aimer expérimenter ;

prendre l'initiative de s'habiller seul ;

rendre des services ;

avoir le goût d'entreprendre selon ses rêves, ses aspirations.

Pour un plus vieux :

prendre des décisions ;

prendre l'initiative de faire seul ses devoirs et ses leçons ;

être entreprenant, selon ses goûts et ses intérêts ;

se trouver un moyen rémunérateur pour payer ses dépenses ;

organiser des comités ou s'y engager.

L'enfant a naturellement beaucoup d'enthousiasme et d'élan pour découvrir son univers. Il démontre sa détermination en accomplissant toutes sortes d'actions. Il a besoin de se faire confirmer par ses parents que ce qu'il entreprend a de la valeur. Il est primordial qu'il garde cet élan, cette volonté dynamique qui l'anime. Le parent devra donc le gratifier avec enthousiasme tout au long de ses apprentissages afin qu'il conserve sa volonté d'agir et d'entreprendre.

Par conséquent, il faudra que l'on reconnaisse que ce qu'il fait ou accomplit est bien, apporte quelque chose à son parent et mérite l'effort requis. Je le lui dis d'une façon gratifiante, avec enthousiasme, voire de manière exagérée (ce que nous faisons tout naturellement avec un jeune enfant).

Le fait qu'on ne reconnaisse pas ses petites réussites, ses forces, ses initiatives et ses efforts le frustre. Il sait d'instinct qu'il a droit à cette reconnaissance. Ainsi gratifié, il a davantage le goût de mettre à exécution ses initiatives et ses projets, en toute liberté. L'enfant gratifié abondamment devient un adulte qui ne cherche pas constamment la gratification : il entreprend des actions avec aisance, conscient de la place qu'il occupe.

Le premier moyen à ma disposition pour combler le besoin d'être gratifié de mon enfant vise à détecter et à lui révéler ses qualités et ses forces le plus souvent possible. Il s'agira donc, dans ce contexte, de développer l'habileté à être un détecteur de potentiel. Il est étonnant de voir à quel point les parents ont tendance à remarquer les points faibles de leurs enfants ou leurs manques, à être des détecteurs de fautes. Ils oublient et ne soulignent pas tous les bons coups qu'ils ont réalisés dans la journée, leurs traits de caractère positifs, leurs belles qualités... Ce sont des acquis pour nous.

Beaucoup trop de temps et d'attentions sont consacrés à surveiller et à dénoncer les fautes ; cela décourage l'enfant. Toute cette énergie pourrait être investie dans l'appréciation de leurs bonnes performances. Leurs manques prendraient moins d'importance et disparaîtraient plus vite.

Rien n'est plus puissant que de parler de ses actions positives pour qu'il les accentue. Rien n'est plus puissant que de parler de ses actions négatives pour qu'il les accentue. À vous de choisir.

Au lieu d'être un détecteur de fautes (sur un ton de blâme et de rejet) :

« Ça, ce n'est pas gentil. »

« Tu n'as pas encore brossé tes dents ? »

« Il n'y en a pas deux comme toi pour faire des dégâts. »

« Tu te plains tout le temps ! »

« Tu ne m'écoutes jamais ! »

« Il faut toujours que je te le répète. »

« Tu ne vas pas à l'école habillé comme ça. As-tu vu l'allure que tu as ? »

« On ne peut rien te demander, toi ! »

Ces remarques constituent souvent ses aliments de tous les jours... Je cesse de les émettre. À compter d'aujourd'hui, je parle de ses points positifs et de ses capacités. Je reconstruis ainsi son sentiment de puissance et de réalisation. L'impact positif de ce changement d'attitude sera tout à fait étonnant.

Être un détecteur de potentiel (il est impossible que vous ne lui trouviez pas de qualités ; si tel est le cas, demandez à une autre personne de vous aider à les découvrir), c'est lui dire, sur un ton bienveillant, avec enthousiasme :

« Tu es adroit, habile, souriant, débrouillard... »

« Tu as fait cela tout seul ? Bravo ! »

« Je suis content que tu m'aies écouté tout de suite. »

« J'aime ta façon de t'habiller. »

« Tu es vraiment sociable. Je n'en reviens pas comme tu as des amis. »

« Je vois que tu as fait des efforts. Bravo ! »

« Tu es vraiment affectueux. »

« J'aime ça avoir un enfant blagueur comme toi, ça me rend souvent de bonne humeur. »

« Tu t'intéresses à beaucoup de choses, toi. Tu es un vrai petit curieux ! »

Ces paroles devraient composer son menu quotidien. Ainsi, je le comble pendant un certain temps, jusqu'à ce qu'il s'auto-gratifie. En entendant ces qualités (habile, sociable, autonome, etc.) lui être souvent révélées, il ne pourra que les développer.

Le deuxième moyen sera de reconnaître ses initiatives, de lui exprimer mon enthousiasme pour ce qu'il entreprend, même si le résultat n'est pas à la hauteur de mes attentes. Toute action accomplie vaut la peine d'être soulignée. L'enfant a grandement besoin qu'on reconnaisse les initiatives qu'il prend pour maintenir son désir d'entreprendre, comme le démontrent les exemples suivants.

- Un enfant tente de ramasser un jus renversé sur la table. Il n'en récupère qu'une partie ; le reste souille le plancher. On gratifie cette action, même si elle reste imparfaite : « Bravo ! Tu arrives à presque tout ramasser seul. Maintenant, regarde comment on fait pour tout nettoyer. »

- Julie se sent pleine d'enthousiasme aujourd'hui. Sa mère doit s'absenter quelques heures. Elle lave les planchers des pièces communes et de l'établi. Elle est très fière de son travail. Dès le retour de sa mère, elle lui montre ce qu'elle a fait. Déception : un produit nettoyant trop fort a fait lever la peinture du plancher de l'établi. Évidemment, la mère de Julie est déçue. Il sera difficile de gratter et de repeindre le plancher. Punir Julie ne réparera pas le dégât et risque de la décourager dans d'autres belles initiatives. Maman la félicite de sa bonne intention et lui apprend l'usage des produits ménagers. Elles gardent une bonne relation. De cette façon, elle fait son éducation au lieu de la blâmer. En fait, elle sait qu'il faut faire confiance à l'intelligence de l'enfant. Elle n'a pas à lui en parler pendant une semaine. Elle a compris la première fois.

Dans un cas comme celui-ci, le parent déverse souvent sa frustration sur l'enfant. Julie aime rendre service et est fière de ce qu'elle accomplit. Si la mère de Julie s'était montrée déçue, sans reconnaître la bonne intention de celle-ci, elle l'aurait découragée. Ainsi, elle aurait éteint en elle le désir d'entreprendre et de faire plaisir.

Souligner davantage le côté positif de l'initiative (si minime soit-il) plutôt que le résultat de l'action s'avère le facteur clé dans ce domaine. Ce soutien que nous apportons à l'enfant lui permet de développer l'esprit d'entreprise nécessaire pour la mise en application de ses projets.

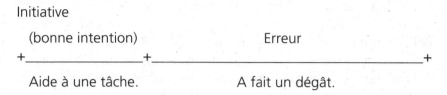

Initiative

(bonne intention)   Erreur

+_____+_____+

Aide à une tâche.   A fait un dégât.

Voici un troisième moyen qui a un impact positif sur le besoin d'être gratifié : je soulignerai l'aspect positif avant l'aspect à améliorer, s'il y a lieu, pour chaque entreprise ou action de l'enfant.

On peut insister aussi davantage sur la partie accomplie par l'enfant que sur la partie à améliorer. Ce que démontre l'exemple suivant.

Aujourd'hui, Nicolas devait ranger sa chambre, ce qu'il a fait. Or, sa mère n'est intervenue que pour lui souligner les quelques objets encore non rangés.

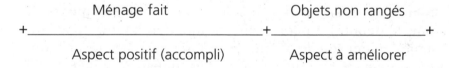

Ménage fait   Objets non rangés

+_____+_____+

Aspect positif (accompli)   Aspect à améliorer

Arrêtez-vous un moment et cherchez des réponses aux questions suivantes :

- Est-ce juste et respectueux de ne parler que de la partie qui n'a pas été accomplie ?

- Quel en est l'impact sur l'enfant ? Quelles en sont les répercussions sur votre relation avec lui ?

À un autre moment, la sœur de Nicolas met la table dans la cuisine. Nicolas intervient pour lui souligner, devant sa mère, que les ustensiles ne sont pas disposés correctement. Pour récupérer son estime personnelle, ou encore par esprit de vengeance (conscient ou inconscient), l'enfant aura tendance à démolir le travail de l'autre, surtout de ses frères et sœurs.

Comme il s'est senti non reconnu, il voudra abaisser l'autre dans l'estime de ses parents.

Si la mère de Nicolas avait gratifié la partie du travail bien accomplie, au lieu de mettre l'accent sur les objets non rangés, celui-ci aurait conservé son enthousiasme et ne chercherait pas à rabaisser sa sœur pour se remonter dans l'estime de sa mère. Au contraire, il aurait des interventions positives envers sa sœur, puisque ce qu'il reçoit, c'est ce dont il est témoin.

La mère de Nicolas aurait pu dire : « Super, ce ménage ! Et si on mettait ces jouets dans le coffre, ce serait impeccable » ou « C'est bien que tu aies rangé tes vêtements sur la chaise. Il ne reste plus qu'à les accrocher pour ne pas les froisser. Je vais t'aider. »

Pierre a choisi, en guise de responsabilité familiale, de sortir les déchets les mardis et les jeudis. Il assume très bien sa tâche depuis quelques mois. Nous sommes mardi et Pierre n'a pas prévu assez de temps pour sortir les poubelles. Il court vite à l'école. Jeudi, il oublie sa tâche. Papa est furieux et exprime violemment le désagrément que cela lui cause, sans faire mention de l'assiduité exemplaire dont son fils avait fait preuve depuis le début. Le père de Pierre aurait eu intérêt à souligner amicalement son désagrément et à mettre l'accent sur la qualité de son travail. Ainsi, il aurait fait confiance au bon sens de son enfant et lui aurait permis de conserver son enthousiasme pour accomplir sa responsabilité.

Je donne de l'énergie à l'autre lorsque je regarde la beauté en lui. Au contraire, lorsque je ne souligne que ses faiblesses, je lui enlève cette énergie.

Vous trouverez de nombreux exemples de ce moyen dans le livre *8 moyens efficaces pour réussir mon rôle de parent*, aux pages 110 à 113.

Il n'y a rien de plus épanouissant pour un être humain que de se sentir utile à l'autre. Voici donc notre quatrième moyen de gratifier l'enfant. Je lui révélerai l'impact positif qu'ont sur moi certaines de ses actions, ce qu'elles m'apportent. Par exemple, je lui dirai : « J'aime que tu m'aides à mettre la table.

Cela me soulage parce que j'ai beaucoup à faire. Je vais pouvoir me détendre un peu plus. Merci. »

Vous trouverez de nombreux exemples de ces révélations dans le livre *8 moyens efficaces pour réussir mon rôle de parent*, à la page 58.

Voici le cinquième moyen : la gratification verbale, qui est un moyen en soi et qui était déjà inclus dans chacun des moyens précédents.

En guise de résumé, voici d'autres interventions positives auprès de l'enfant :

- par rapport à son potentiel (avec enthousiasme) : « Tu es vraiment adroit, généreux, souriant, intelligent, minutieux, patient, etc. »

- par rapport à ses initiatives : « Quelle belle initiative ! » ou « C'est bien d'avoir pensé à cela. »

- par rapport au côté positif, avant la partie à améliorer : « J'apprécie que tu enlèves tes chaussures en entrant. En les mettant à leur place, personne ne risque de s'y accrocher. Merci. »

- par rapport à ce qu'il m'apporte : L'enfant dit : « Elle est bonne, ta soupe. » Le parent : « J'aime que tu apprécies ma cuisine. Cela me donne le goût et l'énergie d'en refaire et je me sens apprécié. »

Il m'a aidé, je lui dis : « Merci de m'avoir aidé. Tu m'as rendu un grand service et m'as fait gagner du temps. »

LES RÉPERCUSSIONS

Si mon enfant est comblé dans son besoin d'être gratifié, il est déterminé à entreprendre des activités.

S'il n'est pas comblé ou s'il a un grand réservoir non comblé (grand potentiel non exploité – leadership), il en souffre. Il est souvent frustré, fait facilement des colères, n'a pas d'enthousiasme pour entreprendre des activités, ou veut tout contrôler par autoritarisme et se sent brimé dans ses droits.

À partir d'aujourd'hui, je m'engage à combler son besoin d'être gratifié en suivant les pistes suivantes.

Tout en pensant à me nourrir (me combler) de cette même nourriture que je lui donne.

Nourriture extérieure

1. Je détecterai et je lui révélerai ses qualités, ses forces et ses points forts le plus souvent possible.

2. Je reconnaîtrai ses initiatives en n'oubliant pas d'accorder davantage d'importance au côté positif de l'initiative qu'au résultat de l'action.

3. Je soulignerai l'aspect positif de ses actions, avant l'aspect à améliorer, s'il y a lieu, sans oublier de relever la partie accomplie par l'enfant plutôt que la partie à améliorer.

4. Je lui révélerai l'impact positif qu'ont sur moi certaines de ses actions, ce que cela m'apporte.

Nourriture intérieure

5. Les paroles qu'il entend quand je le gratifie sont, en soi, sa nourriture intérieure. Pour qu'il la ressente et qu'elle ait de l'impact sur lui, ces paroles doivent être prononcées avec enthousiasme.

Récupération – besoin d'être gratifié

Parce que ce besoin est vital pour mon enfant, je le comble. Si je ne l'ai pas fait, je commence dès aujourd'hui en ne tenant pas compte de l'âge actuel de l'enfant. À cet égard, il est tout petit.

Puisque mon enfant apprend le plus à partir de mon propre modèle, il est nécessaire que je comble ce besoin en moi afin que mes actes correspondent à ce que je veux transmettre. Par exemple, il m'est impossible de voir le beau chez mon enfant si je ne peux le voir en moi.

Je m'observe face à mon enfant.

Si j'ai tendance à imposer ma vision des choses ou ma façon de faire.	
À ÉVITER	**À PRIVILÉGIER**
Avec un enfant qui a vécu un manque ou qui a un grand besoin d'être gratifié, le parent devrait éviter d'imposer sa façon comme étant la seule bonne et valable. Pour ce parent, toute demande est un ordre qui devrait être exécuté à la lettre et immédiatement.	Parce que nous sommes à l'étape de la récupération, j'ai à démontrer plus de patience, de tolérance et d'acceptation. Je devrais faire des demandes en tenant compte des besoins et des limites de l'enfant. Je devrais permettre à l'enfant de choisir sa façon de répondre à la demande.
Exemples :	Exemples :
1. « Va immédiatement ranger tes souliers. » (regard sévère)	1. « J'ai besoin de ta participation pour garder l'entrée dégagée. »
2. « Voudrais-tu bien ne pas laisser traîner ton sac d'école dans l'entrée ! » (avec impatience)	2. « Comment pourrait-on faire pour que ce soit plus simple pour toi ? »
3. « Tu ranges ta vaisselle dès que tu as fini de manger. »	3. « J'apprécierais que la vaisselle soit rangée après les repas. »

4. « Laisse ton frère tranquille ! »

5. « Range tes cahiers et tes crayons, mets ton pyjama, n'oublie pas de brosser tes dents et de sortir le chien. »

- S'il a tendance à ne souligner que la partie non accomplie, le parent devrait éviter de mettre l'accent sur l'imperfection des actions ou des tâches accomplies par l'enfant.

4. « J'ai besoin de votre collaboration pour ne pas devoir intervenir dans vos disputes. »

5. Pour ne pas semer de la confusion dans l'esprit de l'enfant, pour ne pas le rendre nerveux et incapable d'exécuter les demandes du parent, il faut éviter de lui demander d'accomplir trop de tâches en même temps. On doit plutôt attendre que la première demande ait été exécutée avant de passer à la deuxième.

- Se mettre à sa place.
- Le laisser respirer.

- Accepter que tout ne soit pas fait dans les détails et mettre plutôt l'accent sur la partie accomplie.

N. B. N'oubliez pas que l'enfant effectue ces actions pour vous, car il ne saisit pas nécessairement l'importance de plusieurs de vos demandes.

Exemples :

1. « Tu aurais pu rincer ton plat avant de le mettre dans le lave-vaisselle. »

2. « Tu pourrais retourner tes bas avant de les mettre au lavage. »

3. « Tu n'as pas encore rangé le dentifrice. »

Exemples :

1. « J'apprécie que tu mettes ta vaisselle dans le lave-vaisselle. »

2. « Cela me soulage que tu mettes toi-même ton linge sale dans le panier à lessive. »

3. « Tu brosses tes dents tout seul. Bravo ! »

- Si j'ai tendance à ne pas lui révéler ce qu'il m'apporte.

Le parent devrait prendre conscience que si l'enfant ne peut constater l'impact positif des tâches qu'il accomplit pour son parent, il cesse de les réaliser.

Exemples :

« .... »

« .... »

« .... »

- Dire à l'enfant le bien que m'apportent certaines de ses actions, pour qu'il développe le goût de donner à l'autre.

Exemples :

1. « C'est super que tu aies rangé ta chambre ! Cela me permet de gagner du temps. »

2. « J'apprécie que tu prennes l'initiative de ramasser ce dégât. »

3. « Je suis heureux que tu prennes l'initiative de gagner de l'argent. »

Exemple de récupération

Sébastien, âgé de quinze ans, a tendance à se lever tôt... seulement les fins de semaine ! Chaque jour de classe, sa mère doit l'avertir à plusieurs reprises afin qu'il se lève et ne soit pas en retard à l'école. C'est, pour elle, un vrai fardeau de s'occuper du réveil de son enfant et de le harceler jusqu'au départ pour que tout soit fait correctement (déjeuner, hygiène, habillement, etc.). Elle est désespérée. Elle craint que son fils ne parvienne jamais à prendre ses responsabilités.

Voyant son fils agir ainsi, elle se rend compte qu'elle n'a pas souligné ses initiatives et ses actions positives et que, depuis toujours, elle a plutôt mis l'accent sur le côté négatif de ses actions.

Elle ne soulignait que la partie non accomplie (motivée non pas par de mauvaises intentions, mais pour qu'il puisse s'améliorer) et non ce qui était positif, certaine que cette partie était acquise.

Elle récupère : elle commence donc à remarquer et à souligner verbalement toutes les actions et initiatives de son fils :

« Bravo ! Tu as fait ton lit. Je n'ai pas eu à le faire. »

« Merci de m'avoir dit que tu aimais ma cuisine. Je me suis sentie appréciée. »

« J'ai été soulagée que tu viennes m'aider. J'étais vraiment fatiguée. »

Elle adopte cette attitude à plusieurs occasions et pour différentes actions. Résultat ? Sébastien retrouve un enthousiasme et un intérêt à prendre des initiatives, sans attendre qu'on le lui dise. Enfin, il parvient à sortir du lit, chaque matin, sans que sa mère ait à l'arracher à ses draps.

BLOC C

Besoin d'avoir la satisfaction du parent

L'enfant a grandement besoin de recevoir notre émerveillement, notre satisfaction par rapport à ce qu'il est. Il a aussi besoin de savoir que ce qu'il dit ou ce qu'il fait nous satisfait, et que son évolution nous apporte une grande joie. L'enfant qui reçoit la satisfaction de son parent apprend à être satisfait de lui-même, et cet état de satisfaction rend les apprentissages beaucoup plus faciles. Au contraire, les apprentissages sont plus difficiles à intégrer dans un milieu où les attentes des parents se traduisent par le règne de la pression, de la critique et du reproche.

En guise de premier moyen, je lui ferai ressentir la satisfaction que j'ai de l'avoir comme enfant. Il est important qu'il se rende compte que sa personne et son être m'émerveillent, qu'il me comble du seul fait d'exister. Cet état de satisfaction, confirmé par le parent, lui permet de poursuivre son développement dans un climat de détente, de joie, d'harmonie et de sérénité. Dans cet état de bien-être, l'inspiration se manifeste facilement et l'enfant reste en contact avec son être profond, ce qui permet également à l'enfant de développer un sens critique constructif et un jugement sûr.

Vous vous rappelez l'émerveillement que vous avez ressenti au moment de sa naissance ? C'est le même enfant qui est devant vous aujourd'hui. Il est rare que nous gardions cet état d'émerveillement. Nous nous laissons malheureusement piéger par nos attentes et, chaque fois que notre enfant ne répond pas à celles-ci, nous perdons cette vision réelle de ce qu'il est. Notre émerveillement fait place à des déceptions. Nous cherchons à le changer afin qu'il réponde à nos attentes. Nous sommes aveuglés et nous insistons sur les aspects négatifs. Forcément, puisque c'est nous qui définissons l'enfant, nous accentuons en lui ces façons d'être. S'il répond à mes attentes, je suis satisfait. S'il n'y répond pas, je suis déçu non seulement de lui, mais aussi de moi.

Le deuxième moyen consiste à lui démontrer la joie qu'il nous procure, juste par sa présence dans notre vie, et non pas parce qu'il comble des attentes que j'avais envers lui.

Il peut le voir dans l'attitude que j'ai à son égard : sourire de satisfaction, regard émerveillé (on insiste auprès du jeune enfant). Le parent qui arrive à regarder son enfant, sans nourrir d'attentes, comme un être merveilleux à travers son développement, comme il l'a perçu à sa naissance, et qui le fait sentir à son enfant, permet à celui-ci de ressentir cette joie intense qu'il procure à son parent.

Quand je lâche prise, quand il n'est pas ce que j'aimerais qu'il soit, au lieu de lui exprimer ma déception, j'adopte un comportement positif :

« Je suis tellement heureux d'être ton parent. »

« J'aime t'avoir comme enfant. »

« Je suis choyé d'avoir un gars (une fille) comme toi. »

« Tu mets de la joie dans ma vie. »

« Tu mets de l'amour dans ma vie. »

« Tu changes toute ma vie. »

« Ah ! que je suis heureux d'avoir un enfant ! »

Le troisième moyen consiste à lui transmettre ma satisfaction face à son évolution. Je n'attends pas les grandes réussites. Pour suivre plus facilement cette piste, le parent doit se rendre compte que son enfant est en apprentissage et qu'il ne peut exécuter ses tâches à la perfection ou selon les attentes (idéaux) du parent.

À chaque étape accomplie, si minime soit-elle, il est souhaitable d'exprimer mon émerveillement, la joie que cela me procure, comme je l'ai fait lorsqu'il a fait ses premiers pas, prononcé ses premiers mots. En fait, je dois éviter les pièges qui m'empêchent de vivre la satisfaction envers mon enfant et, donc, de l'aimer totalement :

• le comparer à d'autres enfants ;

- vouloir qu'il ait des habiletés ou accomplisse des performances selon mes désirs.

De ce fait, je dois adopter une attitude positive :

- je ne m'attends pas à ce que ce soit parfait ou que mon enfant ou mon adolescent exécute ce que je lui ai demandé comme je le ferais ;

- je suis conscient qu'il ne peut encore, à cause de son peu d'expérience, percevoir les choses comme un adulte ;

- je peux accepter que chaque enfant est différent et qu'ils ne peuvent tous développer leurs habiletés au même moment ;

- je suis conscient que tous les enfants ne possèdent pas les mêmes intérêts.

Mes gestes et mes paroles sont imprégnés de tendresse et d'affabilité. Ce n'est que dans cette disposition favorable que je pourrai lui transmettre mon bonheur d'avoir un enfant.

Constater cette satisfaction enthousiaste du parent nourrit l'enfant, qui découvre de ce fait le désir de terminer ce qu'il entreprend, d'aller jusqu'au bout de ses efforts ou de ses projets, d'être bien dans sa peau et de se réaliser dans ce qu'il aime. En effet, l'émerveillement du parent est une fête pour l'enfant, un bonheur qu'il a envie de vivre et de revivre. Ses accomplissements ainsi accueillis un certain temps lui permettront de développer l'autosatisfaction.

Malheureusement, les attentes et les idéaux que nous projetons sur lui, issus d'une incompréhension des étapes de l'évolution d'un enfant et même d'un adolescent, nous empêchent parfois de vivre le moment présent en sa compagnie et d'apprécier plusieurs étapes de son apprentissage.

Pour un petit : Comme il est merveilleux de voir un enfant apprendre à marcher ! Comme cela nous procure de la joie quand il arrive à conduire une bicyclette, à ramasser seul un jus renversé, même si ce n'est pas avec l'habileté et le rythme d'apprentissage souhaités.

Pour un adolescent : Comme il est touchant et encourageant de constater l'évolution de sa perception, de ses valeurs et de ses habiletés, même si ce n'est pas pleinement acquis dans l'immédiat. Au contraire, lorsque nous nourrissons de trop grandes attentes, nous mettons de la pression sur lui, ce qui, ironiquement, a pour effet de l'empêcher d'évoluer dans le domaine où j'aimerais le voir s'améliorer. Il s'agit d'un phénomène qui me blessera parce que mon attitude provoque l'inverse de ce que j'attends, de ce que j'aimerais qu'il acquière.

- Mon enfant se plaint beaucoup et fréquemment. Je lui dis de cesser ses jérémiades. Je me plains moi aussi de le voir aussi négatif. J'essaie de minimiser l'impact de ce qu'il vit. Il persiste néanmoins.

- Il bouge tout le temps. Une vraie dynamite ! Il est toujours sur le dos de son petit frère. Je n'ai pas de patience : je lui dis d'arrêter, le punis et crie. Dans ces moments, il harcèle encore plus son frère. Moi qui aimerais qu'ils jouent calmement ensemble !

- Ma fille ne prend jamais l'initiative de faire ses devoirs. Il faut toujours que je lui répète de les faire. Je lui dis qu'elle est paresseuse et qu'elle ne m'écoute pas. Elle déteste de plus en plus faire ses travaux scolaires. Moi qui aimerais qu'elle les fasse avec joie, et correctement !

Au lieu de :

mettre de la pression ;

critiquer ;

m'impatienter ;

lui montrer ma déception ;

insister pour que ce soit parfait ;

faire la morale ;

répéter avec impatience et arrogance ;

ironiser.

J'abandonne mes attentes et :

je garde mon émerveillement face à son être ;

j'apporte ma complicité, avec bienveillance ;

je privilégie les petites réussites ;

j'épaule ;

je soutiens ;

j'encourage ;

je félicite le plus souvent possible ;

je suis patient ;

je fais preuve de tolérance ;

je m'implique.

Par ailleurs, je lui fais vivre la magie de la récompense dans les étapes de son évolution. Autant que possible, la récompense ne devrait pas être présentée comme un but en soi (« Si tu fais cela, tu auras…»), mais comme un moyen de créer de la joie, de la satisfaction, une occasion de « fêter » un progrès, une nouvelle étape franchie, d'être satisfait et heureux d'un accomplissement. Reconnaître concrètement ses progrès par une récompense inattendue (une « surprise ») permet d'ancrer le sentiment d'autosatisfaction chez le jeune. Marqué par cette reconnaissance, il reconnaît lui-même son évolution. Idéalement, cette récompense ne devrait pas être répétée de la même façon, afin d'éviter de créer des attentes chez l'enfant. L'important, c'est qu'il ressente la joie, le bonheur qu'il nous procure.

La récompense, présentée dans cette optique, est d'une très grande efficacité ; vous serez surpris de son impact sur votre enfant. Elle peut être la démonstration de ma satisfaction, de mon bonheur, de ma joie. Elle prend la forme d'un geste (caresse dans les cheveux, toucher, accolade, etc.), de paroles qui expriment mon émerveillement ou d'une gâterie (collants, cartes de jeux, etc.), que je me procure à l'avance. En voici quelques exemples :

À un enfant qui...

- a habituellement de la difficulté à prêter ses jouets : « Je sais que c'est difficile pour toi de prêter tes jouets à ta sœur et tu l'as fait ! Je te félicite. Je suis tellement content pour toi ! Viens ici que je te prenne dans mes bras ! » (démonstration physique de nature affective) ;

- fait souvent des crises incontrôlées : « Tu as dit, sans crier et sans frapper, que tu étais déçu de ne pas pouvoir aller à la célébration organisée pour l'anniversaire de Guillaume. Tu m'as impressionné ! Je suis très heureux de voir que tu te contrôles ! » (démonstration émotive d'admiration) ;

- a tendance à mentir : « Tu m'as dit la vérité tout de suite, même au risque d'être puni. Merci. C'est plus clair pour moi ainsi ! Voici un coupon pour une heure supplémentaire en ma compagnie. » (démonstration-récompense) ;

- a des difficultés à faire ses travaux scolaires correctement : « Tu as fait tes travaux scolaires de belle façon ce soir. Quel progrès ! On fête ça ! Demain, je cuisine ta soupe préférée ! » (récompense, considération envers ses goûts) ;

- ne commence jamais ses travaux seul, mais qui l'a fait aujourd'hui : « Je sais que c'est difficile pour toi de commencer tes travaux scolaires sans que je te le demande. Bravo ! Je t'invite à venir manger un beigne avec moi, quand tu auras terminé. » (démonstration-récompense : complicité et implication) ;

- a de la difficulté à être ordonné et à ranger ses affaires : «Ça va de mieux en mieux pour ranger ta chambre. Je suis émerveillé de tes progrès. Voici un dollar pour t'offrir une récompense. Tu l'as bien méritée ! » (récompense : objet).

L'important, c'est d'être satisfait de l'évolution de mon enfant, aussi minime soit-elle, et de lui démontrer ma satisfaction à chaque petite action, réussie ou non.

Votre enfant vous sera très reconnaissant de remarquer ses progrès, même s'il n'a pas atteint la perfection. Voilà une piste des plus favorables au développement de votre complicité !

Garder cet émerveillement face à l'évolution de son enfant, c'est lui permettre de se sentir apprécié, aimé. Il sera heureux d'être votre enfant et développera lui-même de la satisfaction personnelle dans tous les domaines.

> Imaginez ce que vous seriez aujourd'hui si on vous avait montré autant de satisfaction face à la personne que vous êtes ! Voyez toute l'importance d'appliquer ces pistes pour vos enfants et pour vous.
>
> Imaginez toute la nouvelle programmation qui s'effectue sur le plan de la réalisation du potentiel d'un enfant quand on passe de la déception à la satisfaction.
>
> Imaginez tout le bonheur, tout le bien-être que je rends possibles par ce moyen et toutes les souffrances (tensions, contraintes, pressions) que j'évite.

De plus, toujours pour nourrir ce besoin intérieurement (ce qui constituera notre quatrième piste), on lui exprimera verbalement la satisfaction qu'il nous procure. Il a besoin d'entendre que l'être qu'il est ou ce qu'il fait est bien, même si ce n'est pas à la hauteur de mes attentes.

Par rapport à ce qu'il est pour moi, à son être, à sa présence et à la joie que j'ai de l'avoir comme enfant, je lui dirai :

« J'aime que tu sois à la maison. »

« Ta présence met de la vie dans notre maison. »

« Je me réjouis de te voir aller... de te voir grandir. »

« Je suis tellement content que tu sois heureux de cette façon. »

« Je suis vraiment heureux d'avoir la chance de m'occuper de toi. »

Face à ses réalisations, je dirai :

À un petit :

« Quand je vois les belles couleurs jaunes que tu as mises dans ton dessin, j'ai du plaisir à le regarder. C'est comme un rayon de soleil dans ma journée... il m'apaise. Je vais l'afficher dans mon bureau. »

« J'aime ça te voir jouer avec tes Lego. »

« C'est bien. C'est déjà très bon pour ton âge. »

À un adolescent :

« Je suis content de l'intérêt et de la joie que te procurent ce sport... les échecs... l'informatique...»

« Ce modèle réduit est super ! Tu aimes vraiment ça, assembler des pièces. Je te vois heureux dans cette activité et ça me fait du bien. »

LES RÉPERCUSSIONS

Si mon enfant est comblé dans son besoin de satisfaction, il est joyeux, optimiste. Il a un bon jugement pour son âge, beaucoup d'imagination et un sens certain de la créativité.

S'il n'est pas comblé ou s'il possède un grand réservoir non comblé (grand potentiel non exploité : sens artistique), il en souffre. Il est souvent triste, déçu, insatisfait, pessimiste, sarcastique. Il se critique facilement et agit ainsi envers les autres.

À partir d'aujourd'hui, je m'engage à combler le besoin d'avoir la satisfaction du parent au moyen des pistes suivantes.

Nourriture extérieure

1. Je lui ferai ressentir la satisfaction que j'ai de l'avoir comme enfant.

2. Je lui démontrerai la joie qu'il me procure juste par sa présence, et non pas parce qu'il comble des attentes que j'avais envers lui.

3. Je lui transmettrai cette satisfaction face à son évolution, tout au long de son apprentissage, le plus souvent possible.

Nourriture intérieure

4. Je lui exprimerai verbalement ma satisfaction par rapport à ce qu'il est pour moi et à ses réalisations.

Récupération – besoin d'avoir la satisfaction

Je me rappelle que ce besoin est vital pour mon enfant. Si je n'ai pas manifesté de satisfaction, je commence dès aujourd'hui en ne tenant pas compte de son âge. À cet égard, il est tout petit.

Je m'observe face à mon enfant.

À ÉVITER	À PRIVILÉGIER
Avec un enfant qui a vécu un manque ou qui présente un grand besoin d'avoir la satisfaction du parent :	Parce que nous sommes à l'étape de la récupération, je dois faire preuve de plus de patience, de tolérance et d'acceptation.
• Si je me montre souvent déçu, insatisfait par rapport à ce qu'il est, je devrais cesser d'agir ainsi directement ou indirectement.	• Le parent devrait démontrer sa satisfaction face à ce qu'est son enfant, sans mettre d'accent sur un aspect négatif quelconque.
Exemples :	Exemples :
1. « Fais un homme de toi. »	1. et 2.
2. « Sois plus féminine. »	« Je suis fier d'avoir un garçon (ou une fille) comme toi. »
3. « Regarde, elle est toujours bien mise, elle. »	3. « Tu aimes ça t'habiller sport, toi. »
4. « Il pratique beaucoup de sports, lui. »	4. « Tu prends vraiment plaisir à écouter de la musique (ou autre), toi. »
5. « Tu fais jamais rien de bon ! »	5. « Viens, on va faire... »
• Si je me montre souvent déçu, insatisfait par rapport à ce qu'il fait, je devrai cesser d'imposer mon perfectionnisme et de mettre de la pression sur mon enfant chaque fois qu'une de ses actions n'est pas parfaite.	• Accepter que l'enfant est en phase d'apprentissage.

Exemples :

1. « Tu as trop... »

2. « Tu n'as pas assez... »

3. « Tu devrais... »

4. « Tu pourrais te forcer... »

5. « Tu aurais dû... »

- Si je critique facilement, je devrais éviter de toujours le reprendre ou de le critiquer par rapport à ce qu'il fait. Pour lui, il y a toujours quelque chose de mal fait.

Exemples :

1. « Tu ne te brosses jamais les dents. »

2. « T'appelles ça un beau ménage, toi » ?

Exemples :

1. « C'est correct. »

2. « Bien essayé ! »

3. « On termine cela ensemble ? »

4. « Ça ira mieux la prochaine fois. »

5. « Ça va de mieux en mieux. »

- Accepter que son action n'est pas comme je voudrais qu'elle soit. Lui démontrer ma satisfaction de la partie accomplie.

Exemples :

Quand il brosse ses dents :

1. « J'aime quand tu brosses tes dents. »

OU

« Je suis heureux que tu t'occupes de l'hygiène de tes dents. »

OU

« Wow ! Les belles dents blanches ! »

Quand il a fait du rangement (même si ce n'est pas à la hauteur de mes attentes) :

2. « J'apprécie que tu prennes la peine de ramasser dans ta chambre. »

OU

« Ça va de mieux en mieux pour faire ce ménage. »

OU

« Je sais que cela te demande beaucoup d'efforts et que tu n'aimes pas ranger. J'apprécie ton effort. »

3. « Je t'ai demandé de ramasser ton linge. » (en colère)

3. « J'apprécierais que tu ranges ton linge avant le souper. »

4. « La vaisselle traîne dans ta chambre. Es-tu en train de la collectionner afin de partir en appartement ? » (avec sarcasme)

4. « J'apprécierais que la vaisselle soit remise à la cuisine après usage. »

• Si j'ai tendance à ne jamais révéler (lui dire) ce qu'il est pour moi.

• Lui révéler la joie qu'il m'apporte.

Exemple :

« .... »

Exemple :

« Tu es ma joie. J'aime t'avoir comme enfant. »

Exemple de récupération

Julien, âgé de onze ans, est pessimiste depuis un certain temps. Peu joyeux, il critique constamment. Il pourrait être satisfait de ses performances, puisqu'il réussit avec brio plusieurs de ses actions. Or, il ne perçoit pas les choses ainsi. Aucune de ses actions ne le satisfait. Il doit être le meilleur, comprendre tout de suite une explication et exécuter sans erreur ce qu'il doit faire. Il ne tolère aucun échec et se blâme sans retenue.

Il ne ressent pas qu'il est une joie pour ses parents. Il n'entend pas cette confirmation de la satisfaction de ses parents par rapport à son évolution et à sa personne. Il estime que, pour eux, il y a toujours quelque chose qui cloche. Ses parents préfèrent ne pas lui souligner leur émerveillement face à ses progrès, surtout parce qu'ils croient qu'il ne fera plus d'efforts pour progresser ou qu'il deviendra orgueilleux s'ils le lui soulignent, mais aussi parce qu'ils croient ses réussites normales du fait qu'il a du talent.

Julien, consciemment ou inconsciemment, attend cette confirmation qui lui est vitale. Même si ses professeurs ou ses entraîneurs le lui soulignent, si elle ne vient pas de ses parents – les personnes les plus signifiantes pour lui –, cette reconnaissance de ses talents revêt moins de valeur.

Il décide donc de se surpasser. Depuis un certain temps, il se blâme et se montre peu satisfait de ses réalisations. Si sa réussite ne correspond pas à ses attentes élevées, il se critique ou blâme les gens ou les événements reliés à cet échec. Ses parents le voient malheureux et toujours insatisfait ; ils décident de récupérer.

Ils lui démontrent régulièrement leur satisfaction par rapport aux petites choses du quotidien. Il entend de ses parents : « C'est bien », même si ce qu'il vient d'accomplir n'est pas tout à fait à la hauteur de ce qu'ils attendent. Il ne faut pas oublier que nous sommes à l'étape de la récupération. Ils lui disent aussi leur satisfaction par rapport à la joie que leur procure sa présence et le fait de l'avoir comme enfant, sans s'arrêter sur la vision négative que Julien a de lui-même. Comme toute habitude et toute vision déjà inscrite à l'intérieur de nous, il faudra un certain temps pour qu'une nouvelle image plus positive de lui-même s'installe en lui, pour qu'il se dise : « C'est pas mal du tout... c'est même très bien. »

BLOC D

Besoin d'être admiré par le parent

Tous les enfants ont des forces, et tous ont besoin d'être mis sur un piédestal. Chacun doit sentir qu'il est le meilleur du monde pour son parent, à tout le moins en ce qui a trait à sa personne. Pour développer sa confiance en lui, il a besoin de ressentir mon admiration face à ses forces, à ses capacités ou à ses qualités. Pour cela, il faut d'abord le laisser expérimenter. En effet, l'enfant se définit et s'individualise à travers ses propres expériences et par l'image que ses parents lui projettent : « Tu es bon, capable, je suis fier de toi. » Il a besoin d'être épaulé et encadré, plus particulièrement s'il y a du danger pour lui et lorsqu'il éprouve des difficultés. Or, il a surtout besoin qu'on le laisse vivre ses expériences afin qu'il puisse définir ses propres forces et ses limites afin d'apprendre par la suite à les dépasser en toute sécurité.

Le premier moyen de combler son besoin d'être admiré sera d'abord de lui permettre d'expérimenter le plus possible. L'enfant croit qu'il est puissant et qu'il peut accomplir beaucoup de choses. Il se sent courageux, adroit, plein de possibilités. Il ressent cette grande force en lui. De ce fait, réaliser les choses à sa place, c'est le frustrer en l'empêchant d'expérimenter son adresse, son courage, la joie de réussir et de développer, petit à petit, l'assurance de répondre à ses besoins et de résoudre ses problèmes. Trop protégé, il développe de l'anxiété. Si je le prive de cette sécurité fondamentale, je le prive également de la possibilité d'acquérir son indépendance.

Si vous voulez développer chez votre enfant sa confiance en lui, laissez-le faire et arrêtez d'avoir peur qu'il éprouve des difficultés. C'est en expérimentant lui-même et en vivant des réussites face à des obstacles qu'il développera sa confiance en lui. Retenez bien cela : le fait de vivre beaucoup de petites misères, lorsqu'il est jeune, lui évitera plusieurs grandes misères plus tard. Je le laisse faire. S'il est découragé, démotivé, alors c'est mon devoir de lui donner du soutien, je le fais avec lui. Il a besoin de vivre des réussites. L'exemple suivant illustre bien notre propos.

Alexandre a trois ans et, déjà, il pourrait accomplir une multitude de prouesses. Cependant, sa mère a peur pour lui et ne croit pas en ses possibilités. Elle le surveille continuellement et l'empêche d'expérimenter. « Tu es trop petit pour remplir un verre seul. Trop petit pour descendre l'escalier seul, pour enfiler un vêtement, pour te boutonner, pour te coiffer. » Elle fait tout à sa place et le décourage. Alexandre perd sa confiance, sa motivation, et devient de plus en plus dépendant. Il ne croit plus en ses possibilités.

Que pensez-vous qu'un enfant croit lorsque nous faisons tout à sa place ou que nous reprenons continuellement ce qu'il a accompli ? Qu'il est incapable, que nous sommes plus habiles que lui, que nous ne lui faisons pas confiance. Après un certain temps, ayant perdu confiance en ses moyens, il laisse les autres accomplir les choses à sa place. Aussi est-il possible qu'il éprouve de grandes difficultés lorsqu'il entrera à l'école.

Ce que sa mère devrait faire :

- Lui laisser d'abord la possibilité d'expérimenter en le stimulant selon son âge, ses capacités et ses goûts. Ainsi, elle pourra lui démontrer son admiration face à ses réussites. Elle peut, par exemple, le laisser se verser du jus sous sa surveillance, lui demander amicalement de ramasser ses jouets et lui montrer comment faire, en l'accompagnant.

Note : on ne peut demander à un enfant de trois ans d'essuyer ses dégâts aussi bien qu'un enfant de dix ans. Ramasser un petit dégât avec lui demande moins de temps et de patience que de le stimuler à récupérer sa confiance qu'il a perdue.

Investir en le soutenant, en l'appuyant et en l'encourageant est un placement très rentable tant pour le bien-être de l'enfant que pour celui du parent.

Demander d'exécuter en fonction des capacités de l'enfant et non pas en fonction de mes exigences ou de mes attentes. Ainsi, en sachant que j'aurai à terminer le travail, je suis plus patient, moins tendu, agressif et déçu.

- Lui confirmer verbalement qu'il peut le faire : « Vas-y, fais-le... Oui, je crois que tu peux y arriver. » Ou encore : « Je suis là, je vais t'aider. »

Je le laisserai également s'habiller seul dès qu'il en manifestera l'intérêt, tout en l'accompagnant. Comme il est attendrissant de voir un enfant mal boutonné et fier de sa réussite ! Je peux lui dire « Bravo ! Tu sais entrer les boutons dans les trous tout seul. Maintenant, je vais t'apprendre à les aligner. » Ou, si je sens que je vais le décevoir, je lui indiquerai de nouveau, subtilement, la marche à suivre la prochaine fois. De plus, je lui permettrai de prendre des risques en le suivant d'un œil complice et protecteur. Il se sent puissant lorsqu'il peut descendre de sa chaise ou monter un escalier seul.

Pour un adolescent, je favoriserai aussi l'expérimentation. En fait, je lui permettrai de faire des expériences variées, chaque fois qu'il n'y a pas de danger ou de nuisance pour lui ou pour les autres. Je lui ferai confiance et le soutiendrai dans ses choix et ses expérimentations, tout en sachant qu'il peut aussi apprendre beaucoup de ses erreurs.

Comme l'enfant se définit à travers l'expérimentation, il veut tout essayer. Par exemple, il croit sincèrement qu'il aimerait jouer au hockey. Or, en jouant, il découvre que ce n'est pas pour lui. À un autre moment, c'est la guitare, ensuite le karaté, puis autre chose. Le parent doit être conscient qu'en expérimentant ainsi, il va découvrir ses goûts, ses habiletés. Il a grandement besoin du soutien de son parent et non pas de réflexions inappropriées telles que : « Tu ne finis jamais ce que tu commences ! »

Plusieurs parents font passer leurs valeurs en matière d'esthétique, de propreté ou d'ordre avant les besoins de leurs enfants.

L'exemple suivant est, en ce sens, éloquent : Alexandre s'habille seul, ce matin. Puisqu'il adore les couleurs éclatantes, il revêt un pantalon bleu, un chandail rouge et des bas jaunes. Maman le trouve trop coloré et insiste pour qu'il se change avant d'aller chez sa grand-mère, en affirmant que les couleurs de ses vêtements sont mal agencées.

Que croyez-vous qu'un enfant pense lorsque nous faisons de telles réflexions ? Qu'il a un mauvais jugement, que les autres savent mieux que lui. Il perd confiance en ses choix, en ses goûts.

- La maman d'Alexandre devrait plutôt se poser la question : « L'estime personnelle de mon enfant est-elle plus importante que mon image, que le jugement (relatif) des autres ? » Si cela est important pour elle, elle devrait prendre le temps, à un autre moment, de lui montrer les agencements de couleurs.

Voici un autre exemple : Karine est une bricoleuse-née, mais devant l'acharnement de sa mère à vouloir que tout le matériel soit immédiatement rangé après usage, elle a abandonné. Pratiquer son art est devenu trop lourd (ordre et création vont rarement de pair).

Sa mère a choisi entre l'enthousiasme de sa fille pour le bricolage et une demeure bien rangée. Peut-être ne connaissait-elle pas l'impact de ses exigences ? Il lui faudra maintenant reconsidérer sa valeur et, peut-être, dépenser beaucoup d'énergie pour redonner à sa fille le plaisir de bricoler, d'expérimenter.

Permettre à l'enfant de vivre ses propres expériences, sans le juger continuellement sur ce qu'il est ou devrait être, sur ses choix, sur ses actes et sur ses erreurs, lui permet de prendre de l'assurance, de développer son estime de soi. Très jeune, l'enfant peut choisir ses propres vêtements, ses propres activités.

Si le parent l'encourage et le valorise, il se sentira compétent, admiré et élevé par le parent. Il se dira : « Je suis quelqu'un, car on me permet de… » Si, au contraire, le parent l'empêche d'expérimenter, le juge ou le compare aux autres, il vivra de l'humiliation.

Au plus jeune : « Ton frère, à ton âge, lui… »

Au plus vieux : « Regarde ton petit frère, il peut bricoler sans salir, lui ! »

Trop souvent repris, l'enfant se sent fautif et craint de commettre des erreurs. Il se dit : « Je préfère ne rien expérimenter, c'est moins compliqué. » Il désespère, abandonne.

Ce qui nous amène au deuxième moyen : être son complice dans l'expérimentation. Pour évoluer, prendre des risques, l'enfant a besoin de s'assurer du soutien de son parent quand il veut expérimenter. Cette présence rassurante et solide le stimule et lui permet d'évoluer librement. Ainsi, il se sentira épaulé. Si le parent n'est pas disponible pour l'enfant, l'enfant croira que celui-ci est indifférent et qu'il ne lui porte aucun intérêt.

Nous devons laisser faire l'enfant autant que possible s'il manifeste le désir d'exécuter quelque chose. Je juge de l'aide que je peux lui apporter selon son âge, ses capacités, ses limites, le danger que cela peut comporter. Même si je le sens incapable d'accomplir sa performance, je le laisse essayer. De lui-même, il découvrira ses capacités et ses limites. Un petit coup de pouce discret pour ne pas le décourager sera parfois approprié, comme le démontre l'exemple suivant.

Marc, âgé de douze ans, est camelot depuis quelques mois. Enthousiasmé par l'argent que lui rapportent ses livraisons, il décide de doubler sa clientèle. À sa demande, son père l'aide un peu, mais il ne croit pas que son fils tiendra le coup. Il le laisse expérimenter. L'épuisement de Marc se manifeste au bout de quelques semaines ; il gardera sa clientèle initiale seulement. Il a appris à connaître ses limites.

Souvent, nous commettons une erreur d'interprétation en croyant nos enfants trop jeunes pour prendre en charge leurs désirs. Nous décourageons leurs initiatives et nous les empêchons de se réaliser, de s'épanouir. Nous devons, au contraire, avoir confiance en leurs capacités et leur permettre de s'accomplir en les aidant. L'entreprise aurait aussi pu se terminer de la façon suivante.

Marc s'en sort très bien avec son nouveau travail. Il a modifié son horaire et il est très heureux de son salaire plus élevé. Son père est surpris du courage et de la résistance de son fils. Il lui a permis de s'élever.

S'il doit expérimenter et éprouver des difficultés, l'enfant a aussi besoin d'être épaulé pour ne pas se décourager. Il doit sentir que son parent est là et qu'il le soutient.

François doit exécuter la maquette d'un volcan, pour l'école. Déjà, il a imaginé son plan. Devant sa difficulté à trouver le matériel adéquat pour son volcan, il se décourage, remet en question tout son projet et se dit: « C'est trop difficile. Je n'y arriverai pas. » Son père, constatant la situation, l'aide à trouver les matériaux (guide), l'oriente dans la façon de s'en servir et l'accompagne dans la recherche d'une solution à ses difficultés (complice).

Il ne faut pas oublier que souvent, lorsque l'enfant expérimente, c'est la première fois qu'il entreprend ce type d'expérience et que l'habileté dans une tâche se développe avec la pratique. Pour certains aspects, j'aurai à lui apprendre une tâche avec patience et à la lui réapprendre plusieurs fois avant qu'il l'ait intégrée et comprise.

Le troisième moyen consiste à être son guide, afin de l'aider à découvrir ses compétences, ses grandes forces. Quand l'enfant expérimente, le parent peut orienter l'enfant en soulignant les dons exceptionnels qui le caractérisent, l'amener à voir les capacités et les caractéristiques qui le distinguent des autres, ses talents particuliers et lui désigner quelque chose qu'il peut accomplir mieux que qui que ce soit. Un don est un avantage naturel reçu à la naissance (que l'on dit souvent reçu de Dieu) pour nous permettre de nous réaliser. On peut l'appeler talent, habileté, aptitude, génie, qualité. Facilement, on peut en trouver au moins trois ou quatre chez chaque personne. Arrêtez-vous pour les reconnaître chez vos enfants. On n'entretient pas un don à la légère; c'est un atout de grande importance. Voici des domaines dans lesquels on peut facilement discerner un don:

musique ;

dessin ;

peinture ;

cuisine ;

sciences ;

commerce ;

communication ;

éloquence.

D'autres exemples de dons ? Don de faire rire, don de comédien, agilité, souplesse, intelligence conceptuelle, intelligence émotionnelle, entregent, leadership, esprit d'entreprise, vente, courage, patience, ténacité, don de soi, authenticité, transparence, charme, beauté, sagesse, spiritualité... Nous pourrions en nommer à l'infini, puisqu'ils se manifestent en grand nombre, selon les particularités de chaque individu. Prenez le temps de vous y arrêter, de les découvrir et de les nommer.

Certains talents peuvent se découvrir, totalement ou en partie, chez l'enfant très jeune ; d'autres se révéleront plus tard. Plus tôt il les découvrira, plus tôt il connaîtra les domaines dans lesquels il peut se réaliser avec joie. Par ailleurs, il ne faut pas oublier que ce grand potentiel vous demandera de répondre aux grands besoins relatifs à ceux-ci (voir « Les grands besoins et les forces qui s'y rattachent », à la page 68).

Le quatrième moyen, et non le moindre, c'est la force du verbe. Tout ce qui n'est pas nommé n'est pas vraiment reconnu. La nourriture intérieure de ce besoin d'être admiré, ce sont les paroles qui me permettront de lui dire mon admiration face à ses compétences. L'enfant seul, qui ne reçoit pas de ses parents la confirmation qu'il a certaines forces et capacités, ne peut les reconnaître par lui-même. Ainsi est fait l'être humain. Il est important qu'il entende cette confirmation verbale admirative pour développer son courage et sa motivation.

Plutôt que de formuler les remarques arrogantes telles que :

« Tu as le don de m'énerver ! »

« Tu as le don de tout gâcher ! »

« Tu choisis toujours le bon moment, toi ! »

À un petit, je dirai, sur un ton admiratif :

« Tu es déjà capable. Pour ton âge, c'est vraiment exceptionnel ! »

« Tu es génial ! »

« Tu es champion dans ce domaine ! »

« Tu peux le faire seul. C'est épatant ! »

« Tu as vraiment un talent exceptionnel pour ceci ! »

« C'est incroyable. Je suis impressionné de voir comme tu as du talent ! »

Avec un plus grand, j'emprunterai sensiblement la même attitude :

« J'ai rarement vu une aussi belle écriture que la tienne ! »

« Quelle facilité tu as dans ce domaine ! C'est renversant ! »

« J'admire ta constance dans ce travail ! »

« Je n'en reviens pas de voir comme tu apprends vite en mathématiques ! »

« Tu m'impressionnes. Tu es un vrai bon cuisinier ! »

« Je suis vraiment fier. Quel don tu as pour la musique... l'informatique... les sports ! »

Il a besoin de la reconnaissance d'un adulte signifiant pour lui et d'un sentiment de valorisation pour développer sa confiance en lui, le goût de se réaliser et de réussir ce qu'il entreprend.

Nous parlons souvent des exploits de nos enfants et de l'admiration que nous avons envers eux. Nous en parlons à des amis, à des collègues ou à d'autres adultes, mais c'est surtout à eux que nous devrions en parler.

Note : en ce sens, le père a la responsabilité de révéler à sa fille qu'elle est belle, qu'elle est attirante. Elle pourra ainsi passer harmonieusement, en toute confiance, à l'étape de femme et s'épanouir. Elle saura qu'elle est désirable. Autrement, elle sera sans cesse aux prises avec ce doute face à sa féminité. Il en va de même pour le garçon, qui a besoin d'être valorisé par rapport à ses forces et de sentir qu'il est le meilleur aux yeux de sa mère.

Il est également positif que l'enfant remarque notre admiration dans nos gestes, ce qui renforce notre soutien verbal. Il ressentira notre admiration dans nos yeux et par le contact physique. Un geste d'approbation encourage et motive l'enfant.

LES RÉPERCUSSIONS

Si mon enfant est comblé dans le besoin d'être admiré, il est courageux, motivé, organisé et se sent compétent.

S'il ne l'est pas ou s'il a un grand réservoir non comblé (grand potentiel non développé : persévérance), il en souffre. Par conséquent, il est paresseux, souffre d'un complexe de supériorité ou d'infériorité, vit de l'humiliation.

Dès aujourd'hui, je m'engage à combler le besoin d'être admiré de mon enfant grâce aux pistes suivantes.

Nourriture extérieure

1. Je lui permettrai d'expérimenter.

2. Je serai son complice dans l'expérimentation. Je lui apporterai mon soutien.

3. Je serai son guide pour l'aider à découvrir ses compétences.

Nourriture intérieure

4. Je lui dirai mon admiration face à ses compétences.

Récupération – besoin d'être admiré

Je me rappelle que ce besoin est vital pour mon enfant et je le comble. Si je ne l'ai pas fait, je commence dès aujourd'hui en ne tenant pas compte de son âge. Dans ce domaine, il est tout petit.

ÉTAPE DE RÉCUPÉRATION
Je m'observe face à mon enfant.

À ÉVITER	À PRIVILÉGIER
Face à un enfant qui a vécu un manque ou qui présente un grand besoin d'être soutenu et admiré dans l'expérimentation.	Parce que nous sommes à l'étape de la récupération, je dois démontrer plus de patience, de tolérance et d'acceptation.
Par rapport à l'expérimentation :	
• Si j'ai tendance à faire à sa place ou à l'empêcher d'expérimenter... • Si je ne lui laisse pas la liberté de découvrir ses capacités et ses limites dans l'expérimentation.	• Permettre à mon enfant d'expérimenter le plus possible, dans le plus de domaines possible, dans un environnement sécuritaire.
Par rapport à dire mon admiration :	
• Si j'ai tendance à ne rien dire quand mon enfant expérimente et accomplit quelque chose de nouveau... • Garder pour vous votre admiration face aux réalisations de votre enfant et ne pas remarquer ses progrès.	• Dire le plus souvent possible, avec le plus d'admiration possible, que je suis fier de ce qu'il accomplit.
• Si j'ai tendance à l'abaisser quand il ne réussit pas ou éprouve des difficultés, j'évite de le dénigrer par rapport à ses compétences actuelles.	• Lui exprimer tout ce qui m'impressionne chez lui.

Exemple de récupération

Maxim est très peu entreprenant. Il se dit souvent incapable d'exécuter des actions qu'il pourrait facilement accomplir. Lorsqu'il a l'élan d'entreprendre des activités, il se décourage facilement et remet souvent ce qu'il a commencé au lendemain.

Toutes les raisons sont bonnes pour abandonner. Un rien le démotive. Son père, déçu par le manque de motivation et d'habileté de son fils, remet en question sa façon décourageante d'intervenir lorsque son fils expérimente ou accomplit quelque chose.

Étant perfectionniste, le père s'attend à ce que son fils réussisse correctement dès les premières fois, et chaque fois, les travaux qu'il entreprend.

Devant ces demandes et son modèle parental (qui réussit tout), Maxim est découragé et ne se sent pas à la hauteur (ni pour ce qu'il a fait ni pour ce qu'il est).

Son père se rend compte maintenant que ses interventions sont souvent humiliantes et qu'il ne reconnaît pas les habiletés actuelles de Maxim, qui sont différentes des siennes ; que son niveau d'exigences est très élevé par rapport au niveau d'habileté qu'il aimerait que son fils présente maintenant.

Le parent récupère : il revoit ses exigences à la baisse en reconnaissant le niveau actuel de son enfant. Il l'accompagne, l'encourage dans ses entreprises en soulignant avec insistance ses habiletés et ses forces pour lui permettre de retrouver confiance en ses moyens.

BLOC E

Besoin d'avoir la compassion du parent

L'enfant a besoin de savoir que son parent est « là pour lui ». En fait, il doit avoir l'assurance que son parent veille sur lui lorsqu'il est malade ou qu'il éprouve des difficultés. Il doit aussi obtenir la certitude qu'il pourra compter sur la présence de son parent au moment où il souhaitera confier ses joies et ses peines. Il a besoin d'être écouté et compris pour se sentir aimé et reconnu. Être indifférent à ce qu'il vit est une des impressions les plus cruelles que l'on puisse démontrer à un enfant.

Le premier moyen de combler ce besoin de compassion consiste à lui démontrer qu'il peut compter sur ma « présence à lui », ma « dévotion envers lui », ma présence physique, mon attention à ce qu'il vit et ma présence réconfortante par empathie envers sa difficulté, son épreuve. S'il ne ressent pas ma disponibilité, il croira que je ne lui porte aucun intérêt, que je suis indifférent à lui.

Voici quelques exemples :

Pour le petit : un bobo ou une chicane avec un ami ;

Pour un adolescent : une peine d'amour ou un problème scolaire.

Il est tragique pour un enfant de ne pas être entendu, de ne pas voir ses peines reconnues selon l'importance qu'il leur accorde. Le meilleur exemple, c'est celui de l'enfant qui se blesse ou est malade. Souvent, on lui dira : « Ce n'est pas grave, ne pleure pas, c'est déjà passé. » Ce type d'intervention frustre l'enfant, le met en colère et le fait pleurer encore davantage. Vous êtes irrité et l'enfant aussi. Pour lui, sa blessure est grave et le fait qu'on ne le reconnaisse pas le bouleverse.

Par contre, en reconnaissant que sa petite éraflure lui fait mal, selon sa propre perception de la gravité de sa blessure, l'enfant sera soulagé qu'on ait reconnu son mal. Se sentant compris, il repartira confiant. Il reçoit comme message : « Je t'aime, je reconnais ce que tu vis, je te comprends. » Il n'a plus à perdre d'énergie à me prouver qu'il a mal en continuant à pleurer.

Voici un cas pathétique illustrant ce phénomène : Une fillette et sa mère se trouvaient dans la salle d'attente d'une clinique médicale. La petite pleurait, exprimant à sa mère à quel point elle avait mal. « Ce n'est pas si grave, n'en mets pas tant ! disait la mère. Cesse de pleurer tout de suite, les gens sont fatigués de t'entendre. »

Certains parents somment sévèrement leurs enfants d'arrêter de pleurer. Il s'agit là de l'une des pires tragédies qu'un enfant puisse vivre. Toute souffrance a le droit d'être exprimée et entendue. Combien de blessures n'ont pu cicatriser parce qu'on a empêché l'enfant de pleurer ? Tout ce qui ne peut s'exprimer s'imprime. Aussi, ces frustrations – blocages des émotions non exprimées – finissent-elles par ressortir au moyen d'un autre langage : celui des maux. Au contraire, quand l'enfant est écouté véritablement, la paix s'installe en lui.

Par ailleurs, si une émotion n'est pas écoutée, est dévalorisée ou estompée, l'enfant en arrive à ne plus exprimer ses difficultés, qu'il croit maintenant sans valeur.

Ce qui nous amène au deuxième moyen de combler ce besoin de compassion du parent. Lorsque l'enfant vit une peine, éprouve une difficulté, il a surtout besoin d'exprimer ce qu'il ressent. Il doit savoir qu'il peut compter sur l'ouverture inconditionnelle de son parent, qu'il peut tout exprimer sans craindre d'être jugé. Mon écoute compatissante lui permettra de partager ce qu'il vit pour ainsi mieux se connaître.

Il a besoin d'obtenir l'assurance que mon accueil sera toujours chaleureux, respectueux et compréhensif, peu importe ce qu'il fait ou ce qu'il dit.

- Il a été puni à la garderie ou à l'école ;
- Il a volé ou menti ;
- Il est inquiet face à un examen important ;
- Il vit une peine d'amour.

Voici un exemple démontrant l'attitude juste (compatissante) face à de telles révélations de l'enfant : Sébastien arrive de l'école, déçu. Il trouve injuste que le professeur l'ait puni, et lui seul, pour avoir bavardé avec un copain pendant la classe.

Au lieu de critiquer, de juger :

« La prochaine fois, tu parleras moins ! » ou « Cela ne m'étonne pas, tu n'arrêtes pas de bavarder ! », la mère l'accueille et l'écoute, lui reflétant par la même occasion le sentiment de déception et d'injustice qu'il vit. Remarquez qu'elle ne lui dit pas qu'elle est d'accord et que la réprimande est injuste. Elle ne fait que lui refléter que lui trouve cela injuste.

Pour communiquer, il faut avant tout savoir écouter. Si je parle, je n'écoute pas... Après avoir écouté mon enfant, à un autre moment, si je veux l'influencer, parler de mes valeurs par rapport au vol, au mensonge, à l'irrespect ou à la drogue, il me sera plus facile d'obtenir son écoute s'il s'est lui-même senti écouté. Quand il peut partager ouvertement ce qu'il vit, il développe le sens du partage. On ne peut écouter véritablement l'autre que si on l'accepte inconditionnellement. Sans cela, l'échange et les confidences prennent vite fin.

Le troisième moyen sera de tenir compte de ce qu'il m'exprime. L'enfant ressent véritablement la compassion et la compréhension de son parent quand celui-ci démontre qu'il le considère, qu'il tient compte de lui. Cette démonstration de ma considération peut prendre la forme de plusieurs actions concrètes à son égard. Par exemple, s'il aime être bercé, avoir ses pommes de terre en purée, manger tôt, etc., j'en tiens compte lorsque c'est possible. S'il m'exprime ses difficultés, il sera soulagé et se sentira davantage compris si je lui démontre que j'en tiens compte.

- Il me dit qu'il a mal au dos. J'en prends soin, j'examine son dos, je lui demande de m'en reparler si cela persiste.

- Si je le vois pleurer, je suis compatissant et je m'arrête pour l'écouter, sans le juger.

Beaucoup de parents croient qu'en étant ainsi attentifs aux maux de leurs enfants, ils vont créer chez eux l'habitude de se plaindre. C'est tout le contraire ! Si l'on prend quelques minutes à écouter la souffrance de l'enfant, celui-ci n'a pas d'intérêt à se plaindre. Se plaindra plutôt celui qui n'a pas cette attention, qui est en manque, qui recherche sans cesse cette compréhension. En effet, s'il se sent incompris, il s'exprimera en amplifiant ce qu'il vit, pour qu'on se rende compte qu'il souffre. Notez aussi qu'un enfant qui se plaint reproduit souvent le modèle de son parent.

Notre quatrième piste consiste à comprendre que ma seule responsabilité se limite à lui laisser sa propre responsabilité; c'est tout ce qu'il attend de moi. Il ne veut pas de conseils, ce qui semble l'idéal aux yeux du parent, pas plus qu'il ne tient à obtenir un jugement sur la perception qu'il devrait avoir de l'événement ou de la douleur physique. Tout ce qu'il souhaite, c'est une ouverture compatissante et la responsabilité de ce qu'il vit.

Voici la cinquième piste destinée à satisfaire ce besoin: pour le nourrir intérieurement, pour lui démontrer ma compassion, mon ouverture, ma disponibilité, mon dévouement à son égard et mon attachement, je lui dirai, selon la circonstance:

« Je suis là pour toi. »

« Je te comprends. Ça me semble être une grosse peine pour toi. »

« N'hésite pas si tu as besoin de quelque chose. »

« Je serai toujours là pour toi si tu as des difficultés. »

« Même si je travaille de nuit et que je dors le jour, réveille-moi si tu éprouves une difficulté. C'est important pour moi. » (Soyez assuré que cet enfant envers qui je suis attentionné sera aussi attentionné envers moi et ne me réveillera pas inutilement.) Cessons de voir les enfants comme malintentionnés; de nombreux parents ont cette fausse croyance.

Je lui confirmerai aussi verbalement que je tiens compte de lui (je le fais de toute façon, pourquoi ne pas le lui dire):

« Tu m'as dit hier que tu aimais beaucoup les pommes de terre en purée. Je t'en ai préparé de nouveau aujourd'hui parce que je t'aime. »

« Je sais que tu aimes manger tôt, j'en tiens compte le plus souvent possible. »

« Je te berce parce que je sais que tu aimes beaucoup cela. »

LES RÉPERCUSSIONS

Si le besoin de compassion de mon enfant est satisfait, celui-ci a une grande ouverture sur la vie, une bonne communication avec les autres, un esprit certain de collaboration, un solide niveau de responsabilité. De plus, il est animé d'un sens élevé du partage.

S'il n'est pas nourri ou s'il présente un grand réservoir non comblé (grand potentiel non développé : sens des responsabilités), il en souffre. Il est indifférent, ne se soucie pas des conséquences de ses actes, est indifférent à ce que je vis, à ce qui lui arrive, est égocentrique, développe de l'envie par rapport à ceux qui ont des habiletés qu'il aimerait posséder, est avare et refuse de partager ses objets et ses connaissances.

Dès aujourd'hui, je m'engage à combler son besoin d'avoir la compassion en appliquant les pistes suivantes.

Nourriture extérieure

1. Je lui démontrerai qu'il peut compter sur ma « présence à lui » : d'abord ma présence physique, puis mon attention pour ce qu'il vit ainsi que ma présence réconfortante lorsqu'il éprouve une difficulté ou vit une épreuve.

2. Par ma façon d'être quand il m'exprime quelque chose, je lui donnerai l'assurance qu'il peut compter sur mon ouverture inconditionnelle, qu'il peut tout exprimer, sans craindre d'être jugé.

3. Je lui démontrerai concrètement que je tiens compte de lui.

4. Je prendrai conscience que la seule responsabilité qui m'appartient est celle de lui laisser sa responsabilité ; c'est tout ce qu'il attend de moi.

Nourriture intérieure

5. Je lui révélerai mon ouverture afin de lui démontrer ma compassion. Aussi, je lui confirmerai verbalement que je tiens compte de lui.

Récupération – besoin de la compassion

Puisque ce besoin est vital pour mon enfant, je le comble. Si je ne l'ai pas fait, je commence dès aujourd'hui en ne tenant pas compte de son âge actuel. Dans ce domaine, il est tout petit.

Je m'observe face à mon enfant.
PAR RAPPORT À L'ÉCOUTE

* Si j'ai tendance à ne pas prendre en considération ce qu'il tente de me dire.

À ÉVITER	À PRIVILÉGIER
Face à un enfant qui ne se sent pas compris, ne pas tenir compte de sa perception.	Parce que nous sommes à l'étape de la récupération, je dois démontrer plus de compréhension et de compassion à l'égard de ce qu'il vit.
Exemples :	Exemples : 1. et 2.
1. « Voyons donc, ce n'est pas si grave ! »	« Cela t'a fait de la peine. C'est difficile pour toi. »
2. « Tu n'en mourras pas ! »	
• Si j'ai tendance à ne pas considérer ce qu'il me dit et à ne pas tenir compte de son propre point de vue.	• Considérer qu'il a sa façon à lui de percevoir les choses et de comprendre ce qu'il vit.
Ne pas reconnaître la souffrance, la douleur ou la difficulté qu'éprouve l'enfant parce que je la perçois sans gravité.	
Exemples :	Exemples :
Enfant : « Julie ne veut plus jouer avec moi. »	Parent : « Tu es déçu parce qu'elle est partie. »
Parent : « De toute façon, elle n'est pas gentille avec toi. »	OU
	« Tu n'aimes pas ça être tout seul. »

À un adolescent :

Enfant : « J'ai de la difficulté à dormir. »

Parent : « Tu n'as qu'à te coucher plus tôt. »

Enfant : « Émilie m'a laissé tomber. »

Parent : « Ce n'est pas grave, il y en a d'autres, des filles ! »

• Si j'ai tendance à ne pas prendre en considération ce qui l'affecte.

Exemples :

1. « Voyons, on ne pleure pas pour ça ! »

« Arrête de pleurer. Tu n'es pas un bébé. »

« Dans une semaine, tu vas avoir oublié tout ça. »

2. « Tu pleures tout le temps pour rien. »

3. « De quoi te plains-tu ? Tu as tout ce qu'il te faut. »

• Si j'ai tendance à me fermer à lui, à l'ignorer, à faire comme s'il n'était pas là.

Être indifférent à ses besoins (demandes, difficultés, problèmes).

Faire la sourde oreille.

Parent : « Quelque chose t'inquiète ? »

Parent : « Je vois que tu l'aimais beaucoup et que cela t'attriste. »

Exemples :

1. « Tu es triste. Tu trouves cela injuste. » « C'est grave pour toi. » « Ça t'affecte beaucoup. »

2. « Tu es vraiment sensible à toutes ces choses. »

3. « Cela te déçoit de ne pas avoir obtenu ce que tu désirais. Tu y tenais beaucoup. »

• Être ouvert à ses besoins (demandes, difficultés, problèmes).

Me mettre à sa hauteur, lui passer la main dans les cheveux et écouter ce qu'il me dit. Exprimer les choses au fur et à mesure.

Répondre avec intérêt à ses questions.

Faire la guerre du silence (comme s'il n'existait pas).	Apporter ma complicité le plus souvent possible. Avoir des gestes de compassion.
Ne pas répondre à ses questions.	
Le laisser s'arranger tout seul, sans intervenir.	
• Si j'ai tendance à ne pas lui révéler l'importance qu'il a pour moi.	• Lui dire toutes les attentions que j'ai pour lui parce que je l'aime.
Faire plein de choses pour lui, sans qu'il en ait conscience.	
1. «............»	1. « J'aime te faire de bons petits plats. Cela me fait plaisir parce que je t'aime. »
2. «..............»	2. « Je serai toujours là pour toi. »
3. «..................»	3. « J'ai acheté ces draps pour que tu sois plus à l'aise. »
4. «.....................»	4. « C'est parce que je t'aime que je fais cela pour toi. »

Exemple de récupération

Philippe, âgé de douze ans, demande beaucoup d'attention à ses parents. Il est très actif et se sent incompris. Hier, il est allé choisir ses vêtements pour son bal de finissants en compagnie de sa sœur aînée. Très fier de ses achats, il décide de montrer ses trouvailles à ses parents. Ceux-ci, très déçus du style dans lequel leur fils veut se présenter à la réception, lui demandent de retourner les vêtements qu'il a achetés en le traitant d'irresponsable.

Habitué à ces remarques désobligeantes, Philippe devient indifférent et refuse de retourner ses vêtements. Se sentant incompris, il se révolte et, pour provoquer ses parents, décide de faire raser une partie de ses cheveux, ce qui a pour effet d'amplifier le mécontentement de ses parents.

Inconsciemment, Philippe a réussi à obtenir l'attention de ses parents, même si elle lui est accordée dans un contexte négatif. Il aurait tant aimé être compris dans ses goûts les plus extravagants.

Ses parents, blessés par l'indifférence de leur fils face à leurs suggestions et à leurs valeurs, se rendent compte que leur relation s'envenime parce que leur enfant, se sentant incompris, fait tout pour les provoquer.

Ils décident de récupérer en démontrant plus de compréhension à son endroit. Ils s'ouvrent davantage à ses choix, à ce qu'il vit, et le laissent vivre ses extravagances. Se sentant compris, Philippe devient de moins en moins marginal. Puisqu'il se sent aimé, il n'a pas à se chercher une fausse identité pour mériter cet amour.

BLOC F

Besoin d'être important pour le parent

L'enfant pense tout naturellement qu'il est beau et très important, mais nos messages ne lui confirment pas toujours ce sentiment. Commence alors à naître en lui le sentiment d'être insignifiant. Il est primordial que l'enfant garde ce sentiment d'importance pour développer son estime personnelle. C'est nous, en tant que parents, qui sommes les personnes les plus déterminantes pour lui et qui pouvons nourrir ce besoin de se sentir d'une grande valeur. Pendant un certain temps, je dois lui faire ressentir l'importance qu'il revêt à mes yeux, pour qu'il la ressente envers lui. Nous devons donc lui démontrer régulièrement qu'il compte à nos yeux, par des attentions, des attitudes, des gestes et des paroles nourrissantes.

Le premier moyen de répondre à ce besoin consiste à lui donner de l'attention particulière et du temps relationnel. L'enfant sait d'instinct que lorsqu'on aime une activité ou une personne, on lui consacre du temps. Ainsi, pour se sentir important, l'enfant a besoin de moments, seul à seul avec l'un ou l'autre de ses parents. Il sentira à nouveau à quel point il est important pour eux. Si ces instants ne lui sont pas accordés, il accaparera ses parents par des comportements inadéquats. Il a besoin de cette attention, peu importe le prix. Ce temps de relation est d'une grande valeur pour lui, un des plus beaux cadeaux qu'on puisse lui offrir. Nous pouvons lui raconter une histoire, prendre du temps pour une activité, faire une sortie avec lui, etc.

Avec des petits : Si j'ai deux enfants et que je dis : « Venez, les enfants, nous allons faire des biscuits ! », les enfants ne ressentent pas cette importance qu'ils ont en tant qu'individu. Ils la ressentent en tant que groupe, et ces moments en famille sont précieux et importants. Toutefois, quand vient le temps de combler un enfant, je vais privilégier des moments où je serai seul avec lui, qui généreront un impact des plus positifs sur lui. À d'autres moments, plutôt que d'inviter les enfants, j'en invite un seul, qui se sentira ainsi investi d'une grande importance. Je lui dirai : « Viens, nous allons faire des biscuits, seulement nous deux ! »

Avec des adolescents :

« Tu viens marcher avec moi ? »

« J'aime passer du temps avec toi. »

« Je t'invite à ce match ou à ce concert. »

« J'aimerais faire cette sortie seul avec toi. »

Si nous voulons que ces périodes soient empreintes de détente et de joie, nous choisirons des activités agréables pour l'un comme pour l'autre, dans la mesure du possible. L'enfant doit ressentir que je partage ce plaisir d'être avec lui. Une partie de cartes, un jeu de société amusant, une sortie au cinéma ou une visite au comptoir laitier du coin nous plaisent à tous les deux, on y va ! Notez qu'il est préférable de ne pas donner son aval à tout coup aux jeux éducatifs, car si l'enfant éprouve certaines difficultés, ces jeux pourraient susciter des tensions entre nous. En fait, le plaisir pour le plaisir est à privilégier.

La qualité et la quantité sont primordiales pour que ces moments soient vécus avec plénitude. En effet, le temps consacré à ces activités a aussi son importance. Une histoire vite racontée, une sortie faite précipitamment ou un laps de temps trop court décevront l'enfant et enlèveront à l'activité toute sa valeur.

Le temps passé en compagnie de votre enfant a une valeur sacrée, inestimable. Il peut améliorer grandement la relation. Vous transmettez et recevez de l'amour. Peu de relations sont aussi privilégiées que la relation parent-enfant pour développer la tendresse et l'affection. Dans ces moments bien vécus, un sentiment de plénitude est vécu de part et d'autre. C'est cela, la magie relationnelle.

Quel beau moment pour échanger sur nos valeurs ! Puisque vous avez toute l'attention de votre enfant à ce moment, vous pouvez aborder plusieurs sujets. Lors de ce moment privilégié, celui-ci est tout ouvert à vos propos. L'influence que j'aurai sur mon enfant sera proportionnelle à l'importance que je lui accorderai et à mon implication auprès de lui.

Retenez l'exemple suivant, il s'avère fort intéressant : En mettant la table, la mère parle à sa fille du moment privilégié qu'elle passait à écouter sa mère lui dire toute l'importance et la joie qu'elle avait de maintenir sa maison propre et d'avoir une table bien mise pour le bien-être de sa famille.

Vous avez remarqué ? Par cette seule conversation, la mère vient de transmettre une valeur, sans avoir à discourir et à argumenter.

Si nous ne trouvons pas le temps ou l'énergie pour ces rencontres, il serait bon de faire un bilan de notre vie personnelle afin d'en évaluer la qualité et les possibilités. Si vous êtes trop occupé pour donner du temps à votre enfant, vous êtes justement trop occupé et il serait temps de réfléchir à cette situation !

Comme l'attention du parent est vitale pour l'enfant, un deuxième moyen consiste à remarquer et à lui souligner ce qu'il fait de bien, à lui accorder de l'attention quand j'aime ce qu'il fait.

À un petit : L'enfant joue tranquille dans sa chambre. Je vais le voir, lui caresse les cheveux et lui dis : « Je t'aime. » Ou je le regarde jouer, ou je l'accompagne dans son jeu pendant un moment.

À un adolescent : Le jeune fait son travail scolaire. Je le soutiens par des paroles encourageantes. Je remarque et lui souligne ses performances, son assiduité, son courage.

Voici certains moyens qu'ont les enfants pour attirer l'attention de leurs parents s'ils n'obtiennent pas l'attention désirée :

se chicaner entre frères et sœurs ;

être malade ;

continuer à avoir un comportement inadéquat afin d'accaparer l'attention du parent ;

pleurer, pleurnicher, se plaindre, faire des colères ;

confronter avec arrogance ;

fumer, se droguer ;

etc.

Afin d'éviter qu'il se remette à la recherche d'une autre façon d'attirer notre attention, il serait bon de remarquer ses actions positives et d'accorder moins d'importance aux actions négatives. Elles disparaîtront d'elles-mêmes. L'exemple suivant illustre bien nos propos.

Le père de Charles accorde en général peu d'attention à son fils. Aujourd'hui, il l'oblige à faire le ménage de sa chambre. Charles refuse, tient son bout et son père aussi. Celui-ci prolonge le conflit en forçant l'enfant. Inconsciemment ou consciemment, c'est ce que veut l'enfant. Il attire l'attention et se prouve à lui-même qu'il a du pouvoir.

Le père de Charles devra revoir sa façon de communiquer avec son fils. S'il veut que Charles ait un comportement approprié, il doit avant tout lui accorder du temps et une attention positive. De cette façon, il établira une relation de complicité avec lui. Il doit d'abord donner à Charles s'il souhaite recevoir par la suite de la part de son fils.

Le troisième moyen est de prendre le temps de m'arrêter pour l'écouter quand il me parle. Il se dira : « Je suis important, car on m'écoute. » Il saura qu'il peut compter sur son parent. Si je ne l'écoute pas et que je n'accorde aucune importance à ce qu'il dit, il sentira qu'il n'a pas une grande valeur. Tout ce qu'il a à dire est important.

Le quatrième moyen, qui lui procure aussi une nourriture intérieure dans ce besoin, vise à lui révéler verbalement cette importance. Tout comme on dit à un enfant « Je t'aime », je lui dirai : « Tu es important pour moi. » Ces mots vibrent en lui et lui apportent sécurité, reconnaissance et valorisation.

À un petit : « Il y a une place pour toi seulement dans mon cœur. »

À un adolescent : « Ma relation avec toi est importante et j'aime passer du temps avec toi. »

LES RÉPERCUSSIONS

Si mon enfant est comblé dans son besoin d'être important, il développe une bonne estime personnelle, s'exprime facilement, est affectueux et a une solide compréhension de lui-même et des autres.

S'il n'est pas comblé ou s'il a un grand réservoir non comblé (grand potentiel non exploité : communication, art oratoire), il en souffre. Il s'exprime peu, se replie sur lui-même, a un langage négatif, cherche la confrontation, est irrespectueux envers lui-même et les autres, se voit comme insignifiant, sans valeur.

Dès aujourd'hui, je m'engage à combler son besoin de se sentir important aux yeux du parent en parcourant les pistes suivantes.

Nourriture extérieure

1. Je lui accorderai une attention particulière et je consacrerai du temps à nos échanges. Je planifierai mon horaire pour lui donner ce temps.

2. Je remarquerai ses comportements positifs et je lui accorderai de l'attention, particulièrement quand j'aime ce qu'il fait.

3. Chaque fois qu'il voudra m'exprimer quelque chose, je m'arrêterai pour l'écouter.

Nourriture intérieure

4. Je lui dirai chaque fois que j'en aurai l'occasion : « Tu es important pour moi. » Je lui confirmerai que je lui réserve du temps en lui disant que l'on fera cette activité « juste nous deux ».

Récupération – besoin de se sentir important

Je me rappelle que ce besoin est vital pour mon enfant. Si je ne l'ai pas fait, je commence dès aujourd'hui en ne tenant pas compte de son âge. À cet égard, il est tout petit.

Puisque mon enfant apprend le plus à partir de mon propre modèle, il est nécessaire que je comble ce besoin en moi afin que mes actes correspondent à ce que je veux transmettre. Par exemple, j'aimerais qu'il me parle avec respect, mais je m'adresse à lui avec impatience ou le dénigre à la moindre occasion ou impose toujours ma volonté ou...

ÉTAPE DE RÉCUPÉRATION
Je m'observe face à mon enfant.

- Si j'ai tendance à croire qu'un enfant ne fait que des enfantillages, que ce qu'il dit est sans importance.

À ÉVITER	À PRIVILÉGIER
N'accorder aucune attention, ne pas s'arrêter à ce que dit l'enfant.	Le parent se doit de prendre le temps d'écouter tout ce que l'enfant lui dit parce que tout ce qu'il a à dire est important.
Exemple :	Exemple :
Ne pas m'arrêter quand l'enfant tente de me parler.	Prendre le temps d'établir un contact visuel réceptif et me montrer attentif à ce qu'il me dit.
Ne pas accorder d'importance à ce qu'il me dit.	Prendre en considération ce qu'il me dit.
Exemples :	Exemples :
1. « Ne me dérange pas avec tes insignifiances. »	1. « C'est vraiment important pour toi. » OU « Tu aimes vraiment ça, toi ! »
2. « Tu peux pas comprendre, tu n'as que quatre... huit... dix... ou douze ans. »	2. « C'est plein de bon sens, ce que tu dis. » OU «Ça t'intéresse de savoir pourquoi... comment...» OU
	« Viens, je vais t'expliquer. » Je lui donne une explication convenant à son âge ou à son niveau de maturité.

- Si je ne trouve pas de temps à lui consacrer, que ce soit pour jouer ou pour échanger.

Ne pas accorder de temps à mon enfant sous prétexte que cela n'a pas d'importance ou que je n'en ai pas à donner à un enfant.

Accorder du temps à son enfant. C'est en passant du temps avec son parent que celui-ci prend conscience de son importance.

Exemples :

Exemples :

1. « Tu dois te débrouiller tout seul, je n'ai pas le temps. »

1. « Donne-moi deux minutes et je viens te rejoindre… »

2. « Penses-tu que j'ai le temps de jouer avec toi ? Avec tout ce que j'ai à faire… »

2. « Je dois préparer le repas, mais je jouerai avec toi après. »

3. « Demande à ta sœur, je suis trop occupé. »

3. et 4.

4. « Ne me dérange pas pour ça. J'ai eu une grosse journée. »

« Et je viens t'aider… » OU « Je viens jouer avec toi. »

- Si j'ai tendance à ne pas l'accueillir quand il se lève, ou quand il arrive, ou…

L'accueillir avec joie, s'arrêter pour le saluer.

Ne pas l'accueillir, ne pas aller à sa rencontre.

M'arrêter pour le recevoir avec attention.

Au lieu d'accueillir mon enfant avec toute son importance, lui parler de mes inquiétudes à son sujet.

L'accueillir, lui. Lui parler.

Exemples :

« As-tu été gentil ? »

« As-tu beaucoup de travaux scolaires ce soir ? »

Au lieu de l'accueillir, lui donner des directives, des ordres :

« Range tes vêtements à leur place. »

« Va te laver les mains. »

Il est étonnant de voir à quel point on peut trouver du temps en organisant son horaire, en s'engageant et en demandant l'implication de l'autre. De ce fait, si je mets de côté une partie de l'entretien ménager pour accorder du temps à mon enfant, il y a de fortes chances que celui-ci participe aux tâches ménagères. Nous en sortons ainsi tous deux gagnants.

Exemples de récupération

Nicolas a six ans. Il se laisse régulièrement manipuler par sa sœur de huit ans. Il néglige ses activités préférées quand sa sœur lui impose un jeu. Et s'il joue à un jeu électronique, il cède sa place, lui laisse prendre la manette et se confine au second rôle. Il a aussi de la difficulté à exprimer ses goûts, ses besoins. Ses parents prennent conscience de son attitude de soumission et d'abandon face à ses besoins. En effet, Nicolas ne perçoit pas leur importance.

Ils récupèrent en revalorisant leur enfant. Lorsque Nicolas exprime un besoin, ils l'écoutent vraiment et tiennent compte de ce qu'il dit. Par exemple, Nicolas exprime sa joie et son intérêt à faire des casse-tête. Ils lui en achètent et lui disent que c'est parce qu'il a exprimé son goût pour ce jeu qu'ils en ont fait l'achat (n'oublions pas que nous sommes à l'étape de la récupération).

Son père aime aussi faire des casse-tête. Ils se réservent du temps tous les deux pour se consacrer à cette activité. Le père de Nicolas lui exprime également le plaisir qu'il éprouve à passer du temps avec lui, et exclusivement avec lui.

Catherine a quatorze ans. Elle n'a aucune estime personnelle et se compare à ses amis d'une façon négative. Aussi confronte-t-elle ses parents pour tout et pour rien. Elle veut toujours gagner, avoir le dernier mot... et ses parents aussi. La relation est difficile entre eux.

Ses parents se rendent compte qu'ils n'interviennent que lorsque quelque chose leur déplaît chez leur fille. Lorsqu'elle les contrarie, cette situation prend beaucoup d'ampleur.

Catherine a besoin de l'attention de ses parents. Inconsciemment, elle argumente pour obtenir cette attention, car ils lui accordent à ce moment-là énormément de temps et ils investissent beaucoup d'énergie.

Pour récupérer, ceux-ci commencent à accorder de l'attention à Catherine lorsqu'elle fait quelque chose qui leur plaît. Ils lui montrent de l'intérêt pour le moindre de ses bons coups.

Ils entrent en relation avec elle, lui offrent du temps et lui disent l'importance qu'elle a pour eux.

BLOC G

Besoin d'avoir l'acceptation du parent

Nous sommes tous des êtres complets et différents. Nous naissons avec des particularités qui nous sont propres. Or, une fausse croyance, véhiculée de génération en génération, affecte grandement notre société. En effet, de nos jours, nous croyons que pour être heureux, nous devrions répondre à des critères de perfection universels, c'est-à-dire n'avoir que des qualités. Les limites sont considérées comme des imperfections; pourtant, elles font partie du bagage naturel de l'être humain. Il est très important que vous compreniez cela : sans limites, je n'ai pas de don. La limite n'est pas négative, puisqu'elle délimite un don. L'opposé de ma limite est ma grande qualité :

- L'enfant lent (limite) est souvent talentueux et minutieux (dons).

- L'enfant bavard (limite) est souvent intelligent et a une imagination fertile (dons).

- L'enfant effacé (limite) est souvent réfléchi (don).

Je ne peux être marathonien et sprinter à la fois. Si je cours rapidement, je n'ai pas l'endurance nécessaire pour parcourir de longues distances, et vice versa. Je suis fait pour l'un ou pour l'autre, rarement pour les deux. Il faut donc voir la qualité opposée à la limite. Autrement, je juge et je ne vois pas la qualité sous-jacente à la limite.

Beaucoup de parents, bien intentionnés, s'ingénient par toutes sortes de moyens à essayer d'éliminer certaines incapacités, certaines limites et certains défauts chez leur enfant, plutôt que de lui apprendre à vivre avec ceux-ci. Ils démontrent ainsi leur inacceptation. L'impact en est très destructeur. Soit l'enfant se coupe de son identité propre et se fait violence à lui-même pour répondre aux aspirations de son parent, de peur de perdre son amour; soit il reste ce qu'il est et reçoit comme message : « Tu n'es pas aimé comme tu es. » Pourtant, pour évoluer et même pour progresser par rapport à certaines limites susceptibles de lui nuire, il a besoin d'abord et avant tout de l'acceptation inconditionnelle de son parent, puis de s'accepter et d'être heureux. Autrement, il développe de la honte, de la culpabilité d'être et même la peur d'être jugé. Il se rejette lui-même.

Le premier moyen qui permet à l'enfant de ressentir l'acceptation du parent consiste à le voir comme unique, comme un être à part entière, digne d'être aimé. Il est incomparable ; il n'existe en ce monde personne qui soit pareil à lui. Par conséquent, il ne peut être comparé à personne d'autre. Il a besoin d'être reconnu comme différent, exceptionnel. Cette reconnaissance de l'enfant ne se produira que si j'arrive à me reconnaître et à m'accepter moi-même en tant qu'individu.

Le deuxième moyen réside dans sa reconnaissance. Il a aussi besoin d'être reconnu, accepté pour ce qu'il est, indépendamment de mes idéaux, des qualités que je voudrais qu'il développe. Il a besoin de se sentir aimé, même s'il ne correspond pas parfaitement à l'image de l'être que je voudrais qu'il soit, même s'il est désordonné, peu studieux ou peu doué pour les études, peu sportif, peu enthousiaste en général, pessimiste, lunatique, très lent, paresseux, hyperactif, etc.

Souvent, l'enfant sera « coupé de ce qu'il est » pour correspondre aux aspirations du parent. Dans une famille de professionnels, accepter qu'un enfant ne soit pas doué pour les études, mais plutôt pour le travail manuel ou les sports n'est pas toujours facile.

En voici un exemple : David adore jouer de la guitare. Depuis qu'il est tout petit, son père l'encourage à jouer au hockey. Il l'accompagne, le stimule, le pousse à aimer ce sport. David n'ose pas décevoir son père, car celui-ci lui démontre à quel point il aurait aimé avoir eu sa chance et comment il est fier de son fils sportif. David n'agit qu'en fonction de ce que son père aime. Il pratique son sport au détriment de son amour pour la guitare.

Le troisième moyen, et le plus puissant pour combler son besoin d'être accepté, consiste à l'aimer inconditionnellement.

L'enfant a besoin de l'acceptation inconditionnelle de ses parents pour apprendre à s'accepter lui-même tel qu'il est. Il ressentira cette acceptation totale si, dans mes attitudes, je lui démontre que je l'accepte inconditionnellement, qu'il soit petit ou grand, lent ou rapide, intellectuel ou sportif.

Ce que reçoit souvent l'enfant, comme message indirect, c'est : « Je t'aime, mais... » Résultat ? Il ne se sent pas aimé ; il se sent plutôt rejeté. Pour se sentir aimé, il faut que l'enfant ressente une acceptation totale et complète de l'être qu'il est. Autrement, ce qu'il perçoit c'est qu'il y a quelque chose qui cloche en lui. C'est faux, car l'être est un tout, avec sa lumière et ses ombres. Telle est la réalité. L'élément souvent perçu comme une limite peut s'avérer un bienfait pour moi : je suis lent, mais si un jour je dois effectuer un travail qui demande de la minutie, je serai excellent.

Le double message perturbe l'enfant. Un message d'amour doublé d'une déclaration de rejet génère un impact fort négatif, comme le démontre l'exemple suivant.

Guillaume est lunatique, peu intéressé et lent. Ses parents, découragés par ce manque de présence et d'enthousiasme, le corrigent continuellement et lui témoignent la déception qu'ils éprouvent à le voir agir ainsi. Ils le reprennent chaque jour sur sa façon de se comporter. « Tu es lent, va plus vite, chéri ! », « Veux-tu te concentrer et m'écouter, mon trésor ? », « Vas-y, fonce, voyons ! » lui répètent-ils régulièrement, impatients. « Tu sais comme on t'aime, papa et moi, mais ça, on ne peut l'accepter. Il faut que tu changes. »

Guillaume comprend qu'il déçoit ses parents. Le message qu'il reçoit est : « Tu ne réponds pas à nos attentes, car nous voulons un enfant énergique, dynamique et rapide. » Il ne peut évoluer, puisqu'il n'est pas cela. De plus, le fait d'insister aussi souvent sur ses points négatifs accentue le problème. Ce sont ses aliments de tous les jours. De cette façon, ses parents l'abaissent ! Guillaume est découragé et perd de plus en plus son enthousiasme. Il a toujours peur de ne pas être à la hauteur et cela l'angoisse... C'est ainsi chaque fois qu'il ressent de la pression :

il arrive de moins en moins à se concentrer et à effectuer rapidement ses activités. Pourtant, ce que ses parents veulent stimuler chez lui, c'est la rapidité, la concentration et le dynamisme. Cette inacceptation est donc négative tant pour lui que pour eux.

Ce que les parents de Guillaume devraient faire, c'est aimer leur enfant suffisamment pour accepter sa façon d'être et, dans la mesure du possible, trouver des moyens de stimulation pour l'aider à aller plus vite, quand cela est vraiment nécessaire. Ils devraient remarquer et souligner davantage les points forts de l'enfant. En effet, tous les enfants ont des talents ou des qualités : beauté, sens artistique, talent sportif, intelligence, curiosité, charme, créativité, etc. Ainsi, l'enfant sera moins contracté, plus stimulé et sûrement plus apte à corriger lui-même ses lacunes.

Si votre enfant se sent véritablement accepté (aimé) de vous, il sera persuadé qu'il est accepté de tous. À l'inverse, s'il se sent rejeté par vous, il aura la conviction qu'il mérite le rejet. Il cherchera donc inconsciemment le rejet chez les autres (amis, enseignants, éducateurs), phénomène qu'il perpétuera à l'âge adulte en se faisant encore rejeter ou en rejetant les autres (amis, conjoints, enfants). Il se rejettera lui-même, à son propre détriment, pour plaire aux autres ou par mécanisme de survie, afin de ne pas vivre la souffrance d'être rejeté par l'autre.

Seul l'amour donne l'énergie créatrice nécessaire au plein épanouissement de l'être humain. Une entière acceptation donnera à l'enfant tout l'élan nécessaire au développement de son plein potentiel. Il se sentira aimé. Au contraire, le rejet (le fait de montrer à l'enfant qu'on ne lui reconnaît pas le droit d'être ce qu'il est en lui demandant de changer) l'empêche de se brancher à cette source d'énergie ; l'enfant perdra son élan créateur.

Si je démontre à l'enfant que je n'accepte pas ce qu'il est vraiment (sa façon d'être, de penser), il se sentira rejeté. Il aura même tendance à me cacher la vérité (mentir) pour ne pas être piégé par ma non-acceptation. Sachant que je le jugerai, il choisira de se taire plutôt que de se dévoiler en toute liberté, car il aura trop peur de perdre mon amour. De là vient d'ailleurs le manque d'authenticité de plusieurs êtres. De plus, il sera jaloux de ceux qui jouissent de la reconnaissance des valeurs approuvées par leurs parents.

Par exemple, si un parent sportif montre de l'intérêt pour l'enfant du voisin, qui excelle dans les sports, cet intérêt suscitera la jalousie de son fils, qui en est privé.

Lisez bien ce qui suit et imprégnez-vous-en: tout est acceptable (ce qui ne veut pas dire qu'on soit d'accord); à vous de changer votre attitude. L'inacceptation d'un aspect de l'autre constitue toujours une erreur sur la personne.

L'enfant qui ne ressent pas cette acceptation totale de ses parents va projeter sur lui cette non-acceptation en se disant qu'il véhicule quelque chose d'inacceptable. À partir de ce moment, toutes les raisons et tous les prétextes sont bons pour se démontrer à lui-même cette non-acceptation.

• Raisons physiques: nez, cheveux, poids, formes, etc.

• Raisons psychiques: émotives, comportementales (il est colérique, timide, hypersensible, hyperactif, lent, etc.).

Par ailleurs, l'enfant va projeter cette non-acceptation sur son environnement et dénoncer toutes les différences comme des objets de non-acceptation. Il rira des roux ou refusera de jouer avec eux (s'il ne l'est pas). Il agira de même avec des enfants plus lents intellectuellement, gros ou affligés d'un handicap quelconque, etc. En réalité, il n'est pas méchant: il ne fait qu'exprimer la souffrance qu'il perçoit des sentiments de non-acceptation que ses parents lui transmettent. En fait, il ne fait que reproduire les modèles de comparaison qu'il a entendus de la bouche des adultes. L'enfant a besoin d'être aimé pour avoir la capacité d'aimer à son tour.

Le quatrième moyen vise à lui démontrer ma patience et ma tolérance par rapport à ses apprentissages, à son évolution et à tout ce qu'il est. Il faut donc être conscient qu'à cause du peu d'expérience dans la vie, il doit tout découvrir et expérimenter plusieurs fois avant d'être apte à maîtriser un nouvel apprentissage. Pour développer des habiletés, il a besoin de la patience et de l'indulgence de la part de son parent. Il évoluera ainsi dans plusieurs aspects de sa vie d'enfant et d'adolescent.

Dès la naissance, l'enfant accepte ses parents pour ce qu'ils sont, sans les juger. On a beaucoup à apprendre des tout-petits. Tentons de faire comme eux. Aimons-les comme ils sont, dans la plus grande acceptation. Vivons la joie avec eux, dans la détente, dans l'harmonie.

Suivez aussi notre cinquième piste afin de prouver à l'enfant qu'il est véritablement aimé et accepté : je le nourrirai aussi intérieurement en lui disant que je l'aime et que je l'accepte inconditionnellement, peu importe ses difficultés. Ce qu'il a besoin d'entendre, c'est : « Tu es aimé comme tu es », « Je t'aime, c'est tout. »

LES RÉPERCUSSIONS

Si mon enfant est comblé dans son besoin d'être accepté, il s'accepte lui-même. Il possède et développe l'amour, la patience, la confiance en soi et en autrui, la tolérance dans l'acceptation des autres, le don de soi, la compassion.

Si mon enfant n'est pas suffisamment comblé ou s'il a un grand réservoir non comblé (grand potentiel non développé : authenticité), il en souffre. Ainsi, il vit le rejet de lui-même et des autres, la peur, l'anxiété, le cynisme, la jalousie, la rancune.

Dès aujourd'hui, je m'engage à combler son besoin d'être accepté grâce aux pistes suivantes.

Nourriture extérieure

1. Je le reconnaîtrai comme unique, comme un être à part entière, digne d'être aimé, incomparable.

2. Je prendrai une distance par rapport à mes attentes envers lui. Suis-je apte à l'aimer, même s'il ne correspond pas à l'idéal que je voyais chez mon enfant ? Il a besoin d'être accepté pour ce qu'il est sans égard à mes idéaux et aux qualités que je voudrais qu'il développe.

3. Je l'aimerai inconditionnellement. Il a besoin de l'acceptation inconditionnelle de ses parents pour apprendre à s'accepter lui-même, tel qu'il est.

4. Je lui démontrerai de la patience et de la tolérance par rapport à ses apprentissages, à son évolution, à tout ce qu'il est.

Nourriture intérieure

5. Je lui dirai que je l'aime et que je l'accepte inconditionnellement, peu importe ses difficultés. Ce qu'il a besoin d'entendre, c'est : « Tu es aimé comme tu es », « Je t'aime, c'est tout. »

Récupération – besoin d'acceptation

Puisque ce besoin est vital pour mon enfant, je le comble. Si je ne l'ai pas fait, je commence dès aujourd'hui en ne tenant pas compte de son âge. Dans ce domaine, il est tout petit.

ÉTAPE DE RÉCUPÉRATION

Je m'observe face à mon enfant.

À ÉVITER	À PRIVILÉGIER
Face à un enfant qui ne se sent pas accepté et qui vit du rejet.	Parce que nous sommes à l'étape de la récupération, j'ai à démontrer plus de patience, de tolérance et d'acceptation. Le parent devrait accepter son enfant inconditionnellement comme un être précieux en pleine évolution.
• Si j'ai tendance à ne pas accepter mon enfant tel qu'il est.	
OBSERVATIONS SUR SON PHYSIQUE	
	• Aimer ce que je vois, sa présence, ce qu'il m'apporte.
Exemples :	Exemples :
« As-tu vu ton allure, ce matin ? »	« J'aime que tu sois là. »
« Tu ne t'arranges pas pour plaire. »	« Je ne te changerais pas pour personne au monde. »
« Fais quelque chose pour ton acné. »	« Tu es un vrai trésor pour moi. »
« Si tu n'avais pas les pieds si grands… »	
Émettre des commentaires sur son comportement et sa façon d'être.	Quand il réalise une action positive.
Exemples :	Exemples :
	Quand il fait une action rapidement :
1. « Je n'ai jamais vu un enfant aussi lent que toi. »	1. « Tu l'as fait dans un temps record. Bravo ! »
	Quand il fait une action avec soin :
2. « Veux-tu arrêter de bouger, tu m'énerves ! »	2. « Tu l'as fait calmement en te concentrant. C'est beau ! »

3. « Finis donc ce que tu commences. »

4. « Ne demande pas un service à mon gars. Il est tellement nonchalant ! »

5. « Comme tu es effronté ! Tu ne sais pas vivre. »

6. « Tu ne fais même pas ton lit. À ton âge, ton cousin le faisait, lui. »

7. « Je suis sûre que sa mère n'a pas à lui demander, lui. »

- Si j'ai tendance à nourrir de grandes attentes, qui ne tiennent pas compte de ce qu'est mon enfant.

Éviter de mettre l'accent sur les limites actuelles de l'enfant.

Exemples :

« Tu n'arrives pas encore à... »

« Ce n'est pas en pensant aux filles que tu vas passer ton examen et devenir architecte. »

« Ce n'est pas en étudiant à ce rythme-là que tu vas réussir dans la vie. »

« Veux-tu bien te tenir droit. »

Quand il termine une activité :

3. « Tu as eu la patience d'aller jusqu'au bout. C'est super ! »

Quand il a fait un bon travail :

4. « Tu es le spécialiste du travail bien fait. »

Quand il a effectué une action respectueuse :

5. « Tu as été vraiment poli. Je te félicite. »

Quand il a accompli une acrobatie :

6. « C'est super ! Tu es habile. »

Quand il a accompli une action responsable :

7. « Tu prends bien tes responsabilités. Bravo ! »

Mettre l'accent sur ce qui est accompli et sur les forces actuelles de l'enfant.

Quand je prends une distance par rapport à mes attentes, je permets à mon enfant de développer ses talents, son potentiel et ses forces, sans mettre de pression, dans un climat propice à une meilleure estime personnelle.

Accepter que, dans ce domaine spécifique, il ait des difficultés. Être son complice en le guidant, avec patience et tolérance.

- Si j'ai tendance à être impatient et intolérant face à ses
apprentissages ou à son évolution.

Exemples :

« Je ne comprends pas que tu
sois incapable de penser à apporter ta clé, tes cahiers, tes
gants, etc. »

« Tu vas rester bébé toute ta vie.
Tu n'apprendras jamais rien. Ça
ne te rentrera jamais dans la
tête. »

- Si j'ai tendance à ne pas lui
révéler ce qu'il est pour
moi, ce qu'il m'apporte.

Ne pas lui dire des paroles bienveillantes, réconfortantes et nourrissantes.

Exemple :

1. « .... »
2. « .... »
3. « .... »
4. « .... »

- Lui dire tout ce qui me plaît
chez lui, le plus souvent possible.

Exemples :

1. « Tu as un beau sourire ! »
2. « Je suis fier de toi. »
3. « Je t'aime tellement ! »
4. « Tu es vraiment unique. »

BLOC H

Besoin de l'humilité du parent

L'enfant qui vient au monde a tout à apprendre et la personne désignée pour le guider dans cet apprentissage est le parent. Pour l'enfant, celui-ci sait tout. Il lui attribue donc tous les pouvoirs. En effet, le parent donne l'impression à l'enfant qu'il connaît tout, entend tout, voit tout, comprend tout. Inconsciemment, il projette l'image d'un dieu, et c'est justement cette perception que l'enfant aura du parent.

Pour un petit, le parent connaît tous les mots. Il sait faire fonctionner les appareils électriques et peut même conduire une auto. Pour un adolescent, le parent réussit dans des domaines où lui a des difficultés qui lui semblent parfois insurmontables.

Le premier moyen de répondre à ce besoin d'humilité consiste à briser cette image d'un dieu parfait. Il est traumatisant pour un enfant d'avoir des parents qui donnent une image de perfection. Les conséquences sont désastreuses, car la pression est énorme. En voici les résultats :

- soit l'enfant outrepassera ses capacités pour prouver qu'il est aussi bon et talentueux que son parent. Il se créera une fausse image, lui aussi. Il va lui-même cacher ses failles afin d'être à la hauteur de ce que ses parents projettent. Il va aller jusqu'à mentir pour se « faire une image » et deviendra orgueilleux ;

- soit, à l'inverse, il trouvera la compétition trop forte pour lui, se découragera, abandonnera et se dévalorisera.

Le parent a des points forts et des points faibles. Souvent, il veut démontrer à l'enfant qu'il n'a que des forces, afin de constituer un modèle authentique. Il est persuadé de cette supériorité sur l'enfant et lui dira même : « Je sais mieux que toi ce qui est bon pour toi. » Par orgueil, beaucoup de parents ne révéleront pas à leurs enfants leurs faiblesses. Ainsi, leurs comportements se modèlent sur une image du parfait parent responsable :

- il ne se dispute jamais avec son conjoint devant les enfants;

- il n'avoue pas ses torts, ne s'excuse pas;

- il ne revient pas sur sa décision, même si une autre option serait plus appropriée.

Le parent se dit: « Je ne peux perdre la face. Je veux garder cette image. »

Si le parent est humble, il se doit de casser cette image du dieu qui sait tout et qui ne fait jamais d'erreur, ce qui est irréaliste. Il ne doit pas afficher des capacités inexistantes afin de rester sur son piédestal. En fait, il est bon que le parent reconnaisse ses faiblesses devant l'enfant:

- être capable d'avouer que, moi aussi, j'ai de la difficulté à ranger au fur et à mesure;

- pouvoir reconnaître que je fais peu d'exercice;

- avoir l'humilité d'avouer mon ignorance et suggérer un livre, ou recommander une personne plus compétente.

Le parent n'a pas besoin de se remonter, car il possède déjà l'estime de son enfant.

La deuxième piste qui permet à l'enfant de développer lui-même son humilité relève de la capacité du parent à avouer ses torts et à s'excuser lorsqu'une situation est propice à ce comportement.

En voici un exemple: J'accuse mon enfant d'avoir pris un de mes objets et je découvre un peu plus tard que c'était moi ou mon conjoint qui l'avait utilisé. Je dois retourner le voir et m'excuser pour l'avoir accusé injustement. Il est très traumatisant pour un enfant de subir une accusation pour une action qu'il n'a pas commise.

Malheureusement, le parent admet rarement ses torts. Il ne s'excuse pas afin d'éviter de perdre la face.

Le troisième moyen est de donner l'exemple de l'humilité. Je suis un modèle de personne vraie, authentique, simple. Je me déleste de mon orgueil pour laisser mon enfant être.

En voici un exemple: Parce que j'aimerais que mes enfants aient des comportements irréprochables, j'ai tendance à vivre de la pression et d'en mettre sur eux quand je vais visiter ma belle-famille. Je les éduque donc aux bonnes manières, mais je n'exige pas la perfection.

Je donne aussi l'exemple de l'humilité dans l'expression de mes conflits, car j'en vis, moi aussi.

Au lieu de ne pas exprimer mes opinions lorsque je ne partage pas le point de vue de mon conjoint ou d'imposer ma perception par esprit de supériorité, ou encore de cacher certains conflits aux enfants pour démontrer ma supériorité, j'agis de la façon suivante: j'exprime à mon conjoint, respectueusement, ce qui me dérange et ce que je pense, afin de lui permettre d'exprimer son point de vue et, ainsi, de trouver un terrain d'entente. De cette façon, je constitue un bon exemple pour mon enfant.

L'humilité, c'est la flexibilité. Comme quatrième moyen, le parent doit aussi avoir la flexibilité de revenir sur une décision si, dans certains cas, une autre décision semblerait plus appropriée.

Trop souvent, le parent a malheureusement peur de perdre la face ou veut garder le contrôle, comme le démontre le dialogue suivant.

Enfant: « Maman, j'aimerais aller à la piscine publique avec mes amis. »

Mère: « Non, je ne veux pas. »

Enfant: « Pourquoi? »

Mère: « Parce que je ne veux pas, c'est tout. »

Enfant: « Mais pourquoi? Je veux y aller. Mes amis y vont. »

Mère: « J'ai dit non, c'est tout. »

Voici un exemple de flexibilité.

Enfant: « Maman, j'aimerais aller à la piscine publique avec mes amis. »

Mère: « Non, je ne veux pas. »

Enfant: « Pourquoi ? »

Mère: « Parce que je ne peux y aller avec vous et je crains qu'il ne t'arrive quelque chose. »

Enfant: « J'aimerais beaucoup y aller. Si c'est parce que tu as peur qu'il m'arrive quelque chose, je pourrais demander à la mère de Gabriel de nous accompagner. Elle y va souvent. »

Mère: « D'accord. Si tu peux le faire ainsi, je suis rassurée. »

Le parent qui manque d'humilité n'explique rien. Il s'agit d'une façon de garder le contrôle. Sa meilleure explication ? « Parce que... je l'ai dit. C'est comme ça, un point c'est tout ! » Il a peur de perdre son pouvoir. Il dit à l'enfant : « Ne fais pas ceci, ne fais pas cela parce que c'est mal. » Il le fait souvent sans fournir d'explications, de crainte de démontrer une faiblesse. Soit l'enfant n'écoute pas le parent ou le confronte parce que celui-ci ne lui donne aucun motif raisonnable, soit il se soumet sans comprendre.

Le parent n'explique pas :

« Tu ne vas pas dans la rue parce que c'est dangereux. »

« Tu rentres à 10 heures, sinon tu ne sors pas. »

« Ça, c'est gentil... Ça, ce n'est pas gentil. »

Il reste sur ses positions, n'admet pas qu'il peut se tromper. Il doit, au contraire, expliquer et donner son point de vue, et ce, au risque de se tromper.

« Tu ne vas pas jouer dans la rue parce que c'est dangereux : tu peux ne pas voir les autos qui arrivent. Le chauffeur aussi peut ne pas te voir et te frapper. »

« J'aimerais que tu rentres à 10 heures parce que je considère que c'est une heure raisonnable pour te coucher. »

Au lieu de : « Ça, c'est gentil. » Dire : « J'apprécie que tu vides le lave-vaisselle, cela me soulage de cette tâche. »

Au lieu de : « Ça, ce n'est pas gentil. » Dire : « Quand tu changes le poste de la télé pendant que je regarde une émission avec toi, ça me frustre et me blesse. »

La cinquième piste vise à lui révéler humblement la beauté, la puissance de ce qu'il est, ni plus ni moins. Ne pas le lui dire relèverait de la fausse modestie; en mettre trop tiendrait de la vantardise. En fait, mon meilleur guide est l'authenticité de mon expression. Si je le vois agir par orgueil, je peux le guider aussi en lui expliquant les bienfaits de lâcher prise à tout ce qui lui procure de la pression en n'étant pas lui-même, en toute simplicité.

LES RÉPERCUSSIONS

Si mon enfant est comblé dans le besoin de l'humilité du parent, il est humble (il reçoit et reconnaît l'humilité), il accède facilement à la spiritualité et il présente un esprit souple.

S'il n'est pas comblé ou s'il possède un grand réservoir non comblé (grand potentiel non exploité : humilité), il en souffre. Par conséquent, il est orgueilleux, vaniteux, arrogant, rigide, tendu, irritable et sévère.

Dès aujourd'hui, je m'engage à nourrir mon enfant dans son besoin de vivre l'humilité grâce aux pistes suivantes.

Nourriture extérieure

1. Je briserai cette image du dieu qui sait tout et qui ne commet jamais d'erreur, et je reconnaîtrai mes faiblesses devant mon enfant.

2. J'avouerai mes torts et je m'excuserai, par respect, de façon à constituer un modèle d'humilité.

3. Je donnerai l'exemple de l'humilité en étant un modèle d'une personne vraie, authentique, simple. Je donnerai aussi cet exemple dans l'expression de mes conflits.

4. J'aurai la flexibilité de revenir sur une décision si, dans certains cas, une autre serait plus appropriée.

Nourriture intérieure

5. Je lui dirai qu'il n'a qu'à être lui-même : « Ne te mets pas de pression pour... »

Récupération – besoin de l'humilité

Je me rappelle que ce besoin est vital pour lui et je le comble. Si je ne l'ai pas fait, je commence dès aujourd'hui en ne tenant pas compte de son âge. Dans ce domaine, il est tout petit.

Exemple de récupération

Le père d'Antoine est très orgueilleux. Il ordonne et oblige sans donner d'explications. Aujourd'hui, Antoine aimerait participer à un événement dans la ville voisine. Son père lui refuse cette sortie.

Antoine: « Je pourrais y aller avec David et ses parents. »

Père: « J'ai dit non, c'est tout, et si tu n'arrêtes pas d'insister, tu vas dans ta chambre. C'est moi le père, c'est moi qui décide ! »

Antoine est démoralisé, déçu. Il ne comprend vraiment pas pourquoi il ne peut y aller. De plus, n'ayant aucune explication valable, il se sent injustement traité et apprend à se faire une carapace.

Son père se rend compte que son fils s'isole de plus en plus, qu'il se coupe même de sa relation avec lui. Il décide donc de récupérer. Pour ce faire, il prend conscience qu'il était lui-même brimé dans son jeune âge. Il prend conscience aussi que, par réflexe, il dit non à toutes les demandes sans les évaluer, sans même savoir pourquoi il dit non.

Il récupère et retourne voir son fils : il lui explique qu'il s'est rendu compte qu'il disait non à tout, sans même évaluer le besoin de son enfant et que dorénavant, il réfléchira davantage à ses demandes. Ainsi, lorsqu'il devra refuser, il en donnera les raisons.

CHAPITRE 6

TEST
ÉVALUATION DES ATTITUDES
ET DES COMPORTEMENTS

(Pour les personnes âgées de trois ans et plus)

Ce test a pour but, d'une part, d'aider le parent à évaluer si l'enfant est comblé dans ses besoins vitaux comportementaux et, d'autre part, de trouver l'origine de certaines de ses attitudes et comportements dérangeants.

Pour avoir une vision juste du comportement global de l'enfant, il est recommandé, quoique ce ne soit pas indispensable, que les deux parents fassent le test séparément puisqu'un enfant peut réagir différemment avec chacun d'eux.

Le test va révéler ce que l'enfant attend de chacun d'eux (ce qui lui manque). Donc, chacun des parents aura des pistes différentes à appliquer pour un même enfant.

Vous pouvez aussi faire remplir le test par l'enfant en votre présence pour connaître sa perception à lui et, ainsi, apporter votre complicité à l'aide des pistes suggérées.

Il est fortement recommandé de faire le test pour vous-même; il n'est pas trop tard pour bien faire… Il est évident que si vous décelez ce qui vous fait réagir, où sont vos propres manques, et que vous y trouvez une solution (voir le chapitre 7 intitulé

« Pour l'adulte », à la page 173), cela va se répercuter sur votre propre bien-être et sur vos proches. De plus, il est difficile de combler chez l'autre ce que nous n'avons pas eu nous-mêmes.

Quelques précisions :

Si votre réponse à la question est :

Non, inscrivez 0 ;
Peu, inscrivez 1 ;
Moyen, inscrivez 2 ;
Beaucoup, inscrivez 3 ;
Exagérément, inscrivez 4.

- Plus la carence est forte, plus le chiffre est élevé.

- Si vous hésitez entre deux choix, soit 3 ou 4, choisissez le chiffre le plus élevé, soit le 4.

- Utilisez un crayon à la mine. Vous pourrez ainsi refaire le test éventuellement et constater votre progression.

- Ne prenez pas trop de temps pour répondre aux questions. La première impression est souvent la meilleure.

Vos noms : par exemple : a) votre garçon ; b) votre fille ; c) vous-même.

a)_____

b)_____

c)_____

d)_____

Voici deux façons d'exprimer un même manque selon sa personnalité.

Un manque peut se manifester dans un pôle ou dans l'autre, directement opposé, selon le type de personnalité de celui qui éprouve ce manque. Il s'exprime en « trop » ou en « pas assez », mais il demeure tout de même un manque.

Exemples :

- Par rapport au besoin d'être admiré, soit il a un complexe d'infériorité (pas assez), soit il a un complexe de supériorité (trop). Dans les deux cas, le manque de compassion s'est manifesté de façon opposée, mais le manque est le même.

- Par rapport au besoin de se sentir important, soit il fait tout pour attirer l'attention sur lui (trop) ou, à l'inverse, il essaie toujours de passer inaperçu (pas assez).

Pas assez   Trop

Loi du balancier

BLOC A

NON: **0** PEU: **1** MOYEN: **2** BEAUCOUP: **3** EXAGÉRÉMENT: **4**

Est-ce que (nom de la personne): a)_____ b)_____ c)_____ d)_____

- manque de confiance lorsqu'il doit exécuter quelque chose ?
  Exemple: Il dit: « Je ne suis pas capable », « C'est trop dur », « Je n'y arriverai jamais ».

  a)_____b)_____c)_____d)_____

- manque d'assurance lorsqu'il doit exécuter quelque chose de nouveau ?

  a)_____b)_____c)_____d)_____

- est agité, sursaute pour un rien, ne tient pas en place ?

  a)_____b)_____c)_____d)_____

- a de la difficulté à se concentrer ?

  a)_____b)_____c)_____d)_____

- vit de l'angoisse, fait des cauchemars ?

  a)_____b)_____c)_____d)_____

- manifeste des peurs ?

  a)_____b)_____c)_____d)_____

- est inquiet, nerveux ?

  a)_____b)_____c)_____d)_____

- questionne pour se faire rassurer ?
  Exemple: Il dit: « À quelle heure reviens-tu ? », « Que feras-tu là-bas ? », « M'aimes-tu ? ».

  a)_____b)_____c)_____d)_____

- panique facilement s'il n'a pas le contrôle de la situation ?

  a)_____b)_____c)_____d)_____

- compense par l'alimentation, un doudou, la cigarette, le sport, etc., quand il souffre ?

  a)_____b)_____c)_____d)_____

TOTAL DES POINTS POUR CHACUN:

  a)_____b)_____c)_____d)_____

BLOC B

NON : **0**   PEU : **1**   MOYEN : **2**   BEAUCOUP : **3**   EXAGÉRÉMENT : **4**

Est-ce que (nom de la personne) : a)_____ b)_____ c)_____ d)_____

- est souvent frustré ?

  a)_____b)_____c)_____d)_____

- se sent brimé face à ce que possèdent les autres. Exemple : « Il en a plus que moi ! »

  a)_____b)_____c)_____d)_____

- manque de détermination et de volonté pour entreprendre quelque chose ?

  a)_____b)_____c)_____d)_____

- se venge ou manifeste le goût de se venger lorsqu'il est brimé (n'a pas ce qu'il estime être en droit d'avoir) ?

  a)_____b)_____c)_____d)_____

- se met facilement en colère, est impulsif ?

  a)_____b)_____c)_____d)_____

- est autoritaire envers les autres ?

  a)_____b)_____c)_____d)_____

- fonce aveuglément, prend des risques démesurés ?

  a)_____b)_____c)_____d)_____

- a de la difficulté à prendre des initiatives ?

  a)_____b)_____c)_____d)_____

- défend difficilement son point de vue, son idée, prend difficilement sa place ?

  a)_____b)_____c)_____d)_____

TOTAL DES POINTS POUR CHACUN :

  a)_____b)_____c)_____d)_____

BLOC C

NON : **0**   PEU : **1**   MOYEN : **2**   BEAUCOUP : **3**   EXAGÉRÉMENT : **4**

Est-ce que (nom de la personne) : a)_____ b)_____ c)_____ d)_____

- est d'un naturel triste ?

  a)_____b)_____c)_____d)_____

- se plaint facilement de toutes sortes de maux ?

  a)_____b)_____c)_____d)_____

- manque de créativité, d'imagination ?

  a)_____b)_____c)_____d)_____

- critique constamment ?

  a)_____b)_____c)_____d)_____

- se juge ou juge les autres sévèrement ?

  a)_____b)_____c)_____d)_____

- est d'un tempérament négatif ?

  a)_____b)_____c)_____d)_____

- manifeste souvent de la déception ?

  a)_____b)_____c)_____d)_____

- est rarement satisfait ?

  a)_____b)_____c)_____d)_____

- est souvent tendu ?

  a)_____b)_____c)_____d)_____

- finit rarement ce qu'il a commencé ?

  a)_____b)_____c)_____d)_____

TOTAL DES POINTS POUR CHACUN :

  a)_____b)_____c)_____d)_____

BLOC D

NON : **0** PEU : **1** MOYEN : **2** BEAUCOUP : **3** EXAGÉRÉMENT : **4**

Est-ce que (nom de la personne) : a)_____ b)_____ c)_____ d)_____

- a un complexe d'infériorité ou de supériorité ?
  a)_____b)_____c)_____d)_____
- se sent diminué ?
  Exemple : « Moi, je ne suis pas bon. »
  a)_____b)_____c)_____d)_____
- est peu motivé ?
  a)_____b)_____c)_____d)_____
- manque de courage pour poursuivre ce qu'il a entrepris ?
  a)_____b)_____c)_____d)_____
- a un sens de l'organisation déficient ou, à l'inverse, structure tout ?
  a)_____b)_____c)_____d)_____
- est paresseux ou, à l'inverse, entreprend trop de choses ?
  a)_____b)_____c)_____d)_____
- sent le besoin de prouver qu'il est le meilleur, le plus fort ?
  a)_____b)_____c)_____d)_____
- est très exigeant envers lui et envers les autres ?
  a)_____b)_____c)_____d)_____
- a tendance à humilier les autres ou à se surestimer ?
  a)_____b)_____c)_____d)_____
- a des idées, mais ne concrétise rien ?
  a)_____b)_____c)_____d)_____

TOTAL DES POINTS POUR CHACUN :

a)_____b)_____c)_____d)_____

BLOC E

NON : **0**   PEU : **1**   MOYEN : **2**   BEAUCOUP : **3**   EXAGÉRÉMENT : **4**

Est-ce que (nom de la personne) : a)_____ b)_____ c)_____ d)_____

- se sent incompris des autres ?

  a)_____b)_____c)_____d)_____

- envie les autres ?

  a)_____b)_____c)_____d)_____

- recherche l'affection, la tendresse, la consolation (exagérément) pour tout et pour rien ?

  a)_____b)_____c)_____d)_____

- a une mauvaise communication avec les autres ? Exemple : Il a de la difficulté à se faire des amis ou vit souvent des conflits.

  a)_____b)_____c)_____d)_____

- collabore difficilement ou, à l'inverse, se dévoue exagérément ?

  a)_____b)_____c)_____d)_____

- n'aime pas partager ou, à l'inverse, donne tout ?

  a)_____b)_____c)_____d)_____

- est irresponsable ou trop responsable ?

  a)_____b)_____c)_____d)_____

- est indifférent à ce que vivent les autres, à ce qui leur arrive, se fout des conséquences ou, au contraire, est exagérément sensible aux souffrances des autres ?

  a)_____b)_____c)_____d)_____

- est égocentrique ?

  a)_____b)_____c)_____d)_____

- est avare de ce qu'il possède ?

  a)_____b)_____c)_____d)_____

TOTAL DES POINTS POUR CHACUN :

  a)_____b)_____c)_____d)_____

BLOC F

NON : **0**   PEU : **1**   MOYEN : **2**   BEAUCOUP : **3**   EXAGÉRÉMENT : **4**

Est-ce que (nom de la personne) : a)____ b)____ c)____ d)____

- s'exprime difficilement ou, à l'inverse, parle constamment ?
  a)_____b)_____c)_____d)_____

- se dévoile difficilement ?
  a)_____b)_____c)_____d)_____

- se replie sur lui-même ?
  a)_____b)_____c)_____d)_____

- se sent injustement traité ?
  a)_____b)_____c)_____d)_____

- est intolérant verbalement, confronte facilement, adresse des paroles blessantes ?
  a)_____b)_____c)_____d)_____

- diminue les autres, sentant qu'il ne vaut rien, se sous-estime ?
  a)_____b)_____c)_____d)_____

- a un langage négatif ?
  a)_____b)_____c)_____d)_____

- est irrespectueux envers les autres ?
  a)_____b)_____c)_____d)_____

- sent qu'il n'a aucune valeur ou, à l'inverse, prend toute la place ?
  a)_____b)_____c)_____d)_____

- fait tout pour attirer l'attention sur lui ou, à l'inverse, essaie toujours de passer inaperçu ?
  a)_____b)_____c)_____d)_____

TOTAL DES POINTS POUR CHACUN :
a)_____b)_____c)_____d)_____

BLOC G

NON : **0**   PEU : **1**   MOYEN : **2**   BEAUCOUP : **3**   EXAGÉRÉMENT : **4**

Est-ce que (nom de la personne) : a)_____ b)_____ c)_____ d)_____

- voit tout en noir ? Exemple : « Je veux mourir. »
  a)_____b)_____c)_____d)_____

- est intolérant envers les autres (accepte difficilement les autres) ?
  a)_____b)_____c)_____d)_____

- se sent rejeté de ses amis ou d'autres personnes ?
  a)_____b)_____c)_____d)_____

- a peu confiance en lui ?
  a)_____b)_____c)_____d)_____

- est jaloux ?
  a)_____b)_____c)_____d)_____

- se juge et juge les autres ?
  a)_____b)_____c)_____d)_____

- se rejette lui-même et rejette les autres ?
  a)_____b)_____c)_____d)_____

- est facilement impatient ?
  a)_____b)_____c)_____d)_____

- est souvent anxieux ?
  a)_____b)_____c)_____d)_____

- a peur de déplaire et peut même mentir pour ne pas être jugé (ne dit pas tout ou exagère) ?
  a)_____b)_____c)_____d)_____

TOTAL DES POINTS POUR CHACUN :
  a)_____b)_____c)_____d)_____

BLOC H

NON : **0**   PEU : **1**   MOYEN : **2**   BEAUCOUP : **3**   EXAGÉRÉMENT : **4**

Est-ce que (nom de la personne) : a)_____ b)_____ c)_____ d)_____

- est orgueilleux, vaniteux ?

  a)_____b)_____c)_____d)_____

- se sent inférieur ?

  a)_____b)_____c)_____d)_____

- est facilement irritable ?

  a)_____b)_____c)_____d)_____

- vit du ressentiment, est rancunier ?

  a)_____b)_____c)_____d)_____

- est despotique, rigide, n'a pas de demi-mesure ?

  a)_____b)_____c)_____d)_____

- est désespéré, n'a plus aucune ambition ?

  a)_____b)_____c)_____d)_____

- est arrogant ou rancunier, manipulateur, menteur, tricheur, voleur ?

  a)_____b)_____c)_____d)_____

- veut toujours avoir le dernier mot ?

  a)_____b)_____c)_____d)_____

- est prêt à tout pour garder son image ? Exemple : Il camoufle la vérité.

  a)_____b)_____c)_____d)_____

- manque d'humilité, s'impose des contraintes inutilement pour prouver ou pour paraître ?

  a)_____b)_____c)_____d)_____

TOTAL DES POINTS POUR CHACUN :

  a)_____b)_____c)_____d)_____

Reportez le total de chaque bloc pour chacun dans les pages suivantes en traçant une ligne dans le réservoir correspondant au total obtenu.

- Exemple : à partir du haut, la ligne indique les niveaux 0 à 10, 10 à 20, 20 à 30, 30 à 40, et ainsi de suite, en descendant.

BLOC A :   a) 12   b) 27

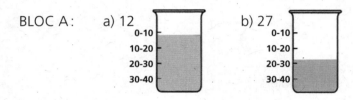

LES BESOINS DE : _____

BLOC A : son besoin d'avoir la sécurité

0-10
10-20
20-30
30-40

BLOC B : son besoin d'être gratifié

0-10
10-20
20-30
30-40

BLOC C : son besoin d'avoir la satisfaction

0-10
10-20
20-30
30-40

BLOC D : son besoin d'être admiré

0-10
10-20
20-30
30-40

BLOC E : son besoin d'avoir la compassion

0-10
10-20
20-30
30-40

BLOC F : son besoin d'être important

0-10
10-20
20-30
30-40

BLOC G : son besoin d'avoir l'acceptation

0-10
10-20
20-30
30-40

BLOC H : son besoin de vivre l'humilité

0-10
10-20
20-30
30-40

LES BESOINS DE :_____

BLOC A : son besoin d'avoir la sécurité

0-10
10-20
20-30
30-40

BLOC B : son besoin d'être gratifié

0-10
10-20
20-30
30-40

BLOC C : son besoin d'avoir la satisfaction

0-10
10-20
20-30
30-40

BLOC D : son besoin d'être admiré

0-10
10-20
20-30
30-40

BLOC E : son besoin d'avoir la compassion

0-10
10-20
20-30
30-40

BLOC F : son besoin d'être important

0-10
10-20
20-30
30-40

BLOC G : son besoin d'avoir l'acceptation

0-10
10-20
20-30
30-40

BLOC H : son besoin de vivre l'humilité

0-10
10-20
20-30
30-40

LES BESOINS DE :_____

BLOC A : son besoin d'avoir la sécurité

0-10
10-20
20-30
30-40

BLOC B : son besoin d'être gratifié

0-10
10-20
20-30
30-40

BLOC C : son besoin d'avoir la satisfaction

0-10
10-20
20-30
30-40

BLOC D : son besoin d'être admiré

0-10
10-20
20-30
30-40

BLOC E : son besoin d'avoir la compassion

0-10
10-20
20-30
30-40

BLOC F : son besoin d'être important

0-10
10-20
20-30
30-40

BLOC G : son besoin d'avoir l'acceptation

0-10
10-20
20-30
30-40

BLOC H : son besoin de vivre l'humilité

0-10
10-20
20-30
30-40

LES BESOINS DE :_____

BLOC A : son besoin d'avoir la sécurité

0-10
10-20
20-30
30-40

BLOC B : son besoin d'être gratifié

0-10
10-20
20-30
30-40

BLOC C : son besoin d'avoir la satisfaction

0-10
10-20
20-30
30-40

BLOC D : son besoin d'être admiré

0-10
10-20
20-30
30-40

BLOC E : son besoin d'avoir la compassion

0-10
10-20
20-30
30-40

BLOC F : son besoin d'être important

0-10
10-20
20-30
30-40

BLOC G : son besoin d'avoir l'acceptation

0-10
10-20
20-30
30-40

BLOC H : son besoin de vivre l'humilité

0-10
10-20
20-30
30-40

CHAPITRE 7

POUR L'ADULTE

*Le chaos du monde est dû en grande partie au fait
que les gens ne savent pas s'apprécier (s'aimer).
N'étant jamais parvenus à éprouver de la sympathie
ou à manifester de la douceur envers eux-mêmes,
ils ne peuvent faire l'expérience de l'harmonie ou
de la paix intérieure ; par conséquent,
ce qu'ils communiquent aux autres
est également discordant et confus.*

CHOGYAM TRUNGPA
(*SHAMBALA*, PARIS, ÉDITIONS DU SEUIL, 1990.)

Les enfants sont très sensibles. Ils ressentent intensément les états de conscience des personnes qui les entourent: parents immédiats, proches parents, éducateurs, professeurs, etc.

Puisque m'aimer moi-même est la vraie source de mon amour pour les autres, à partir de l'instant où je me serai donné ce qui me manque, je ne serai plus bloqué par ces manques. Je serai libre. À ce moment-là seulement, je pourrai donner réellement à l'autre. Que nous le voulions ou non:

- par ce que nous sommes, nous enseignons toujours;

- les enfants apprennent davantage en nous imitant que toute autre forme d'éducation;

- on ne peut donner plus d'amour qu'on en a en soi;

- il faut avant tout posséder l'amour avant de pouvoir l'offrir.

Si je ne l'éprouve pas envers moi, je ne peux l'éprouver envers les autres. Cela se traduit dans mes comportements envers eux; les enfants avec qui nous sommes en contact sont le miroir de ce que nous sommes intérieurement. Profitons de ce privilège.

Les repères et les moyens qui suivent vous seront d'une grande aide pour vous guider face à la prise en charge de vos propres besoins.

Prendre en charge son bien-être : combler ses besoins fondamentaux

Voici une application possible pour l'adulte qui désire prendre en charge les fonctions paternelle et maternelle destinées à combler ses besoins. Avant toute chose, il est très important de faire le test « Évaluation des attitudes et des comportements » (page 157), car il vous permettra de mieux cibler vos manques.

Si vous voulez vraiment prendre en charge votre bien-être et intégrer de nouveaux changements, engagez-vous à mettre en application les actions proposées. Ce n'est pas qu'en lisant que l'on change, que l'on développe une nouvelle attitude.

Maintenant que je vois où sont mes manques, je prends la responsabilité de mon bien-être en réalisant des actions concrètes, capables de me nourrir dans mes besoins fondamentaux. Je remplis mes vides.

Bloc A : Besoin de sécurité

Arrêtez-vous un moment et répondez à ces questions pour mieux évaluer ce que vous vivez.

Est-ce que je prends en charge mon bien-être d'une façon responsable ?

Est-ce que je suis une personne fiable pour moi ? Puis-je compter sur moi, pour répondre à mes besoins d'une façon adéquate? Suis-je mon complice (soutien) et mon guide (ferme) face à mon bien-être?

Application concrète

Si je n'ai pas été nourri dans ce besoin, je le comble dès aujourd'hui en suivant ces pistes.

Je m'observe

> A. Si j'ai tendance à ne pas prendre soin de moi d'une façon adéquate (avec amour, égard et bienveillance) par rapport à mes besoins de base – nourriture, chaleur, affection, réconfort et protection.

Ce qui n'est pas bon pour moi

- Manger tout ce qui me tombe sous la main, sans tenir compte de mes goûts.

- Travailler sans prendre de repos.

- Être indifférent à mes émotions, à mes sensations et à mes besoins en chaleur, en affection et en réconfort.

- Ne pas me protéger.

- Ne pas me confirmer ce que je fais pour moi.

Voici ce que je devrais faire pour moi

Je me nourris adéquatement, le plus sainement possible, pour mieux fonctionner. Je prends soin de moi, selon le besoin. Quand je suis fatigué, je m'arrête.

Je tiens compte que, comme tout le monde, j'ai besoin de réconfort, de chaleur, d'affection. Je me les procure et demande la complicité de l'autre.

Par exemple, après avoir été bousculé dans le métro, je m'offre une douceur, je prends un bon bain ou je demande à mon conjoint de me prendre dans ses bras.

J'entretiens un dialogue intérieur avec moi-même. Je me dis ce que je fais pour moi ; si ce n'est pas nommé, ce n'est pas reconnu.

B.   Si j'ai tendance à ne pas exprimer mes besoins.

Ce qui n'est pas bon pour moi

Ne pas prendre ma place.

Voici ce que je devrais faire pour moi

Je prends ma place et j'exprime mes besoins.

Selon le cas : « J'ai besoin d'être rassuré, apprécié, soutenu, épaulé, compris, accepté, etc. J'ai besoin de ta collaboration, de ta complicité, de ta coopération », etc.

Je me protège : « Je ne m'en laisse pas imposer, je ne laisse pas les autres dire du mal de moi, m'attaquer, me diminuer. »

C.   Si j'ai tendance à ne pas avoir de discipline.

Ce qui n'est pas bon pour moi

Ne me donner aucune structure et aucune discipline.

Voici ce que je devrais faire pour moi

J'investis en moi en me donnant une discipline qui me procure évolution et bien-être.

Si je manque d'organisation et que cela m'amène à éprouver des difficultés, je me structure.

Je me demande : « Qu'est-ce qui me fait vivre de la tension ? Est-ce un manque d'organisation ? » J'apporte les corrections nécessaires.

Note : Le besoin de sécurité est très important à combler, et il dépend aussi de la réponse aux autres besoins pour être vécu. Si je me gratifie, si je suis satisfait de moi-même, si j'admire mes forces, mon potentiel, si j'accepte mes limites sans condition, si je prends ma place ou que j'utilise d'autres façons de combler mes besoins, ma sécurité n'en sera que plus solide. Ce besoin de sécurité est donc interrelié aux autres besoins. En plus d'être nourri par l'attention bienveillante que j'aurai envers moi-même, la sécurité sera renforcée par ma capacité à répondre à mes autres besoins.

Bloc B : Besoin de gratification

Arrêtez-vous un moment et répondez à ces questions pour mieux évaluer ce que vous vivez.

Est-ce que je vois et reconnais mes qualités et mes points forts ?

Est-ce que je mets plus d'accent sur mes forces, mes qualités, mes points forts que sur mes faiblesses, mes limites, mes fautes ?

Est-ce que j'insiste davantage sur la partie positive de mes actions que sur le résultat ou la partie à améliorer ?

Mon langage intérieur est-il positif ou négatif ?

Application concrète

Si je n'ai pas été nourri dans ce besoin, je le comble dès aujourd'hui en appliquant ces pistes.

Je m'observe

A. Si j'ai tendance à centrer davantage mon attention sur mes faiblesses, mes limites, mes fautes.

Ce qui n'est pas bon pour moi

Ne porter attention qu'à mes défauts, incapacités, erreurs, etc.

Accorder plus d'importance à la partie de moi ou de mes accomplissements qui reste à améliorer.

Voici ce que je devrais faire pour moi

Reconnaître mes qualités, mes forces, mon potentiel : « Je suis respectueux, souriant, adroit, courageux, discret, j'ai l'esprit logique, etc. »

Mettre davantage l'accent sur la partie faite, positive et réussie de mes accomplissements : « Bien essayé, ça ira mieux la prochaine fois ! »

> B.   Si j'ai tendance à me brimer.

Ce qui n'est pas bon pour moi

Je ne m'accorde pas de permission : je me brime, je m'empêche d'avoir du plaisir, d'être heureux, de réussir. Je me frustre, je n'ose pas, je ne m'impose pas, je ne m'affirme pas, je m'impose des obstacles.

Voici ce que je devrais faire pour moi

M'accorder des permissions, oser. Je me dis : « J'y ai droit. J'y vais, fonce... Ça, c'est pour moi ! »

> C.   Si j'ai tendance à entretenir un langage négatif constant à l'intérieur de moi.

Ce qui n'est pas bon pour moi

Entretenir un langage négatif envers moi-même. Le laisser continuellement s'exprimer en moi : « Ce n'est pas pour moi, je n'ai pas un beau visage, de belles dents, de belles jambes, j'aurais dû..., je manque de détermination, je n'ai pas bien fait cela. »

Voici ce que je devrais faire pour moi

Entretenir un langage positif envers moi-même. Le nourrir continuellement : « Tu as toutes ces qualités, tu es capable. » Me faire une liste de ces qualités et la lire chaque jour, matin et soir, jusqu'à ce que je me perçoive positivement.

Bloc C : Besoin de satisfaction

Arrêtez-vous un moment et répondez à ces questions pour mieux évaluer ce que vous vivez.

Est-ce que je suis satisfait de ce que je suis ?

Est-ce que je suis satisfait de mon évolution ?

Est-ce que je suis souvent triste ?

Est-ce que je suis toujours déçu ?

Est-ce que j'ai des attentes démesurées envers moi et envers les autres ?

Est-ce que je peux lâcher prise face à mes attentes (idéaux) envers moi et envers les autres ?

Est-ce que je me récompense seulement quand ça ne va pas (compensation) et quand ça va, je ne fais rien ?

Application concrète

Si je n'ai pas été nourri dans ce besoin, je le comble dès aujourd'hui en appliquant ces pistes.

Je m'observe

> A. Si j'ai tendance à être souvent déçu.

Ce qui n'est pas bon pour moi

Avoir des attentes démesurées.

Voici ce que je devrais faire pour moi

Je lâche prise face à mes idéaux. Je pratique l'escalier d'apprentissage (voir le livre *8 moyens efficaces pour réussir mon rôle de parent*) pour les aspects que j'aimerais améliorer. Je fête chaque étape. J'apprécie. Je suis satisfait de ce que j'ai accompli.

> B. Si j'ai tendance à m'autocritiquer.

Ce qui n'est pas bon pour moi

Mettre trop l'accent sur ce qui n'est pas parfait:

- « Je ne suis pas assez beau... pas assez...»
- « Je suis trop lent, trop...»

Voici ce que je devrais faire pour moi

J'apprécie tout ce que j'ai. Je lâche prise face à mon attente de perfection.

Bloc D : Besoin d'admiration

Arrêtez-vous un moment et répondez à ces questions pour mieux évaluer ce que vous vivez.

Est-ce que je reconnais et admire mes dons ? Qu'est-ce qui est admirable chez moi ? Ce que je fais, est-ce que tout le monde le fait ?

Est-ce que j'expérimente pour me permettre de me découvrir ou de mettre mes dons en valeur ?

Est-ce que je manque de courage pour poursuivre ce que j'ai entrepris ?

Est-ce que j'ai des idées mais ne concrétise rien ?

Application concrète

Si je n'ai pas été nourri dans ce besoin, je le comble dès aujourd'hui en suivant ces pistes.

Je m'observe

> A. Si j'ai tendance à éviter d'expérimenter ou à ne pas poursuivre ce que j'ai entrepris.

Ce qui n'est pas bon pour moi

M'empêcher d'expérimenter ou m'arrêter à la moindre difficulté: « Je n'y arriverai pas... Je ne suis pas capable...»

Si je n'ai pas le potentiel, je me dis: «C'est trop dur... trop long...»

Voici ce que je devrais faire pour moi

Entreprendre des actions ou terminer ce que j'ai commencé, même s'il y a des obstacles: « Je suis capable... Je peux faire ça... J'ai le potentiel pour faire ça... Si je persévère, je vais y arriver... Allez, encore un petit effort ! »

> B. Si j'ai tendance à ne pas mettre en valeur mes dons.

Ce qui n'est pas bon pour moi

Ne reconnaître aucun talent ou aucune force en moi. Si c'est le cas, on m'a trompé ou je me suis trompé. Ce n'est pas possible, il y a erreur sur la personne.

Voici ce que je devrais faire pour moi

Je m'admire et je me dis mes talents exceptionnels qui s'expriment de façon particulière: «Je suis vraiment habile pour... Ça m'impressionne moi-même... Ça me renverse de voir comme il m'est facile d'entrer facilement en contact avec mes clients... Je suis vraiment une bonne mère (un bon père) pour mes enfants... Il n'y en a pas beaucoup qui prennent le temps pour cela... »

Bloc E : Besoin de compassion

Arrêtez-vous un moment et répondez à ces questions pour mieux évaluer ce que vous vivez.

Est-ce que je tiens compte de mes goûts, de mes intérêts ?

Est-ce que je me sens compris dans ce que je vis ?

Est-ce que je m'écoute : ce que j'aime, ce que je n'aime pas ?

Je fais des petits plats au goût des autres : et pour moi ? J'aime vivre dans un environnement de bon goût, esthétique : est-ce que j'en tiens compte ?

Est-ce que je suis indifférent à ce que je vis et à ce que vivent les autres?

Est-ce que, au contraire, je suis trop sensible par rapport à ce que je vis et à ce que vivent les autres?

Application concrète

Si je n'ai pas été nourri dans ce besoin, je le comble dès aujourd'hui en suivant ces pistes.

Je m'observe

> A. Si j'ai tendance à m'isoler.

Ce qui n'est pas bon pour moi

Ne pas me mêler aux autres, rester seul, ne fréquenter personne.

Voici ce que je devrais faire pour moi

Je me mêle aux autres. J'entretiens des relations, des amitiés. Je fais les premiers pas avec les gens. Je les invite.

> B. Si j'ai tendance à ne pas me confier.

Ce qui n'est pas bon pour moi

Ne pas échanger avec les autres. Garder tout en moi. Ne pas me confier.

Voici ce que je devrais faire pour moi

Je parle avec les autres. Je me révèle. Je me confie.

> C. Si j'ai tendance à ne pas prendre en considération ce que je vis, si je banalise ma souffrance, la refoule en moi.

Ce qui n'est pas bon pour moi

Être indifférent à ce que je vis, minimiser ma souffrance, l'étouffer en moi.

Voici ce que je devrais faire pour moi

Je tiens compte de ce que je vis. Je reconnais que c'est difficile pour moi. Je laisse s'exprimer ma souffrance, sans me plaindre et m'éterniser là-dessus; au besoin, je consulte un spécialiste. Je prends soin de moi. Je suis compréhensif face à ce que je vis.

D. Si j'ai tendance à refuser l'aide ou le soutien des autres.

Ce qui n'est pas bon pour moi

Ne pas demander d'aide quand j'en ai besoin ou quand la situation est difficile pour moi.

Refuser ce que l'on m'offre (aide ou soutien).

Voici ce que je devrais faire pour moi

Je demande de l'aide et j'accepte ce que l'on m'offre : assistance, aide, soutien.

Bloc F : Besoin d'importance

Arrêtez-vous un moment et répondez à ces questions pour mieux évaluer ce que vous vivez.

Est-ce que je reconnais ma valeur ?

Est-ce que je me respecte et respecte les autres ?

Est-ce que j'exprime mon opinion ?

Est-ce que je m'accorde de l'attention ?

Est-ce que je me perçois comme insignifiant ?

Application concrète

Si je n'ai pas été nourri dans ce besoin, je le comble dès aujourd'hui en suivant ces pistes.

Je m'observe

> A. Si j'ai tendance à ne pas m'accorder de temps et d'attention.

Ce qui n'est pas bon pour moi

Ne jamais m'accorder d'intérêt et de temps.

Voici ce que je devrais faire pour moi

Je m'arrête pour réfléchir, pour méditer, pour ne rien faire. Ainsi, je peux prendre conscience que j'ai une vie bien à moi.

Je consacre du temps pour des activités que j'aime et qui m'apportent du bien-être, de la joie. Je passe des week-ends à l'extérieur.

> B.   Si j'ai tendance à me percevoir comme sans valeur.

Ce qui n'est pas bon pour moi

Me percevoir comme une chose, comme peu signifiant.

Voici ce que je devrais faire pour moi

Me percevoir comme quelqu'un. M'accorder de l'importance en m'offrant des moments de qualité, en prenant du temps pour faire ce que j'aime, en mettant en valeur mes capacités et ce que je vis.

> C.   Si j'ai tendance à ne pas m'exprimer.

Ce qui n'est pas bon pour moi

Ne pas parler, ne pas exprimer mes émotions, mon opinion.

Voici ce que je devrais faire pour moi

Me révéler aux autres. Prendre ma place en m'exprimant, en reconnaissant que je peux apporter quelque chose aux autres.

Bloc G : Besoin d'acceptation

Arrêtez-vous un moment et répondez à ces questions pour mieux évaluer ce que vous vivez.

Est-ce que je me vois comme unique, différent ?

Est-ce que je suis impatient, intolérant envers moi-même et envers les autres ?

Est-ce que je me juge et juge les autres ?

Est-ce que j'accepte mes limites ?

Est-ce que je me rejette et rejette les autres ?

Application concrète

Si je n'ai pas été nourri dans ce besoin, je le comble dès aujourd'hui en suivant ces pistes.

Je m'observe

> A.   Si j'ai tendance à ne pas m'accepter tel que je suis.

Ce qui n'est pas bon pour moi

Me rejeter ou rejeter une partie de moi que je n'accepte pas.

Voici ce que je devrais faire pour moi

Je m'aime comme je suis. J'accepte inconditionnellement mes limites. Si elles me nuisent, je fais des actions pour m'aider à les corriger.

> B.   Si j'ai tendance à me juger.

Ce qui n'est pas bon pour moi

Me comparer aux autres. Me voir et voir mes limites avec jugement et mépris.

Voici ce que je devrais faire pour moi

Je me vois comme unique, différent, avec mes qualités et mes limites.

C.   Si j'ai tendance à être dur envers moi-même.

Ce qui n'est pas bon pour moi

Me dévaloriser, me critiquer sévèrement en me rejetant. Me voir sans capacités dans tous les domaines. Être exigeant envers moi-même, au-delà de mes capacités. Me mettre de la pression, me brusquer.

Voici ce que je devrais faire pour moi

Je suis tolérant, patient envers moi-même. Je me traite avec considération.

Bloc H : Besoin d'humilité

Arrêtez-vous un moment et répondez à ces questions pour mieux évaluer ce que vous vivez.

Est-ce que mon orgueil m'empêche de me réaliser pleinement ?

Est-ce que je suis irritable, arrogant, rancunier ?

Est-ce que je suis prêt à tout faire pour garder l'image que je veux projeter ?

Est-ce que je suis sévère, rigide ?

Application concrète

Si je n'ai pas été nourri dans ce besoin, je le comble aujourd'hui en suivant ces pistes.

Je m'observe

A. Si j'ai tendance à être rigide, exigeant envers moi-même.

Ce qui n'est pas bon pour moi

M'imposer des exigences qui nuisent à mon bien-être : « Je ne changerai pas... Je suis comme ça... Je ne suis pas... Je suis trop vieux... Je ne suis pas capable... Je devrais être... Il faut que je...»

Voici ce que je devrais faire pour moi

Je lâche prise. Je me permets d'être.

B. Si je suis prêt à tout faire pour garder l'image que je veux projeter.

Ce qui n'est pas bon pour moi

Être dur (sévère) envers moi-même. Accorder plus d'importance aux autres qu'à moi-même, à leur jugement, à ce qu'ils pensent... Mentir, jouer un rôle, me cacher derrière une image qui n'est pas la mienne.

Voici ce que je devrais faire pour moi

Je lâche prise. Je me permets d'être. Je sors du syndrome du « Ils vont penser que... Ils vont dire que...»

L'ARBRE

Puisque, à travers les besoins, nous parlons de nourriture, nous avons pensé faire un parallèle entre l'évolution d'un enfant et celle d'un arbre quant à l'apport adéquat de cette nourriture pour le développement maximum de leur potentiel.

L'illustration qui suit montre deux arbres, l'un chétif et l'autre dont le potentiel est pleinement réalisé.

Tout comme l'environnement dans lequel la graine est mise en terre permettra ou non le plein épanouissement d'un arbre, l'environnement immédiat dans lequel est mis l'enfant (son parent) et la qualité des soins qui lui sont donnés détermineront toute son évolution.

Ça pousse comme cela (illustration 1) ou comme cela (illustration 2), selon le type de nourriture qui lui est apporté par son milieu, son environnement extérieur.

1. Potentiel développé

2. Chétif

Sécurité : dépend de la richesse de l'environnement

1. La semence doit être mise dans une terre riche, répondant à ses besoins, pour lui permettre d'arriver à maturité, soit un arbre dans toute sa plénitude. Tout son développement dépend de la qualité de la nourriture qui lui est offerte dans son environnement.

   Nourriture de l'arbre : eau, minéraux, ensoleillement, drainage, etc.

   S'il n'a pas les soins de base, il sera en constante adaptation. Il cherchera à survivre par plusieurs moyens ; on le dit chétif.

   Nourriture de l'enfant : chaleur, protection, réconfort, affection, qualité de la relation avec le parent.

   La sécurité détermine toute la vie d'un être. S'il se trouve dans un milieu où il n'est pas nourri adéquatement, il sera en constante recherche de nourriture (chaleur, protection, réconfort) par toutes sortes de moyens inadéquats, souvent dérangeants ; il est chétif.

   Moi : si je ne comble pas mes besoins de base, je serai inquiet, cherchant tout le temps à combler quelque chose que je crois inaccessible.

Gratification : « J'existe. Je suis quelqu'un. »

2. Les racines prennent leur place, selon la nourriture du milieu, délimitant ainsi leur emplacement. L'arbre prend donc sa place dans son milieu.

   Nourriture de l'arbre : qualité de la terre, soit une terre propice à faciliter l'épanouissement des racines.

   Les racines confirment l'emplacement de l'arbre. Plus elles sont étendues, plus on pourra percevoir la grandeur de l'arbre. S'il est brimé par son environnement, par exemple s'il pousse dans une terre trop compacte (exigences) ou peu riche (non-gratification), il ne pourra étendre ses racines, prendre sa place.

Nourriture de l'enfant: gratification qu'il reçoit du parent, qui lui fait prendre conscience qu'il existe vraiment.

Il s'affirme sans s'imposer; tout comme les racines, il prend sa place. S'il est brimé par un parent non gratifiant et exigeant, il sera frustré et ne pourra ressentir qu'il a une place.

Moi: si je ne me gratifie pas, ne vois pas le beau en moi, je serai frustré et j'aurai de la difficulté à m'affirmer.

Satisfaction: expansion

3. La tige s'épanouit. Elle prend de l'expansion, s'élève vers la lumière.

Nourriture de l'arbre: la lumière, qui permet son expansion (dilatation).

Sans la lumière, l'arbre ne peut se développer.

Nourriture de l'enfant: la satisfaction du parent (comme le soleil, elle apporte la joie).

Sans la satisfaction du parent, c'est-à-dire ressentir la joie qu'il procure à son parent, l'enfant ne peut s'épanouir.

Moi: sans autosatisfaction, je ne peux m'épanouir.

Admiration: force

4. La tige devient tronc, développe des branches et prend toute sa force, toute sa solidité. On peut percevoir son potentiel.

Nourriture de l'arbre: selon l'influence de l'environnement, par exemple le vent, la pluie, le climat, etc., il va développer ses forces, les qualités appropriées à son essence d'arbre (exemples: pommier, bouleau, hêtre). Plus il expérimente les variations de température, plus il est secoué par le vent et les intempéries, plus il développe ses forces.

Nourriture de l'enfant: le laisser expérimenter et lui révéler son potentiel lui permettent de développer ses forces spécifiques, c'est-à-dire son essence, ce qu'il est. Si on le soutient trop, si on fait tout à sa place, il ne pourra développer ses propres forces. Il acquerra une dépendance, tout comme la branche qui, appuyée sur une autre, ne développe pas de force pour se soutenir.

Moi : sans l'autoreconnaissance de mes forces, je ne peux prendre confiance en moi.

Compassion : ouverture

5.   Les branches prennent de l'expansion. Elles s'ouvrent et produisent des feuilles.

Nourriture de l'arbre : l'échange qu'il a avec le soleil par le processus de photosynthèse ; il reçoit de la lumière, qu'il transforme en énergie. Il redonne à son environnement de l'oxygène, par la transformation du monoxyde de carbone. Sans échange avec l'environnement, il sèche et meurt.

Nourriture de l'enfant : se sentant compris, il s'ouvre à l'autre et à la vie. Il entre dans un processus d'échange, où il reçoit de l'amour, de la compréhension et de la compassion, qu'il redonne à ses proches, à son environnement. S'il n'est pas compris, aimé, il développe de l'indifférence et meurt dans l'âme.

Moi : si je ne développe pas de la compassion envers moi-même, je meurs dans l'âme.

Importance : valeur

6.   La fleur apparaît, révélant la beauté.

Nourriture de l'arbre : les soins, l'attention qu'on lui apporte. Plus il sera nourri par son environnement, plus la quantité de fleurs sera grande et plus elles prendront de la force. On attribue la valeur ou l'importance d'un arbre dans son environnement à la beauté de son ramage. On s'arrête pour le regarder. S'il est négligé, sans soins et sans nourriture adéquate, il ne fleurira pas ou peu.

Nourriture de l'enfant: l'attention et le temps qu'on lui accorde. Il prend ainsi conscience de sa valeur. Si on lui donne ni temps ni attention, il se sent « rien ».

Moi: si je ne m'accorde pas du temps et de l'attention, je n'aurai aucune estime personnelle.

Acceptation: amour inconditionnel, acceptation de l'être

7. Le fruit est le summum, la réalisation de l'arbre, arrivé à sa maturité.

Nourriture de l'arbre: seule une nourriture adéquate à son essence permet sa réalisation.

S'il n'est pas nourri en fonction de son essence, il ne pourra parvenir à maturité pour donner des fruits.

Nourriture de l'enfant: si on ne reconnaît pas ce qu'il est (acceptation inconditionnelle de son essence), il ne produira pas de fruits. Il ne pourra arriver à maturité et se réaliser, il ne développera pas tout son potentiel; il se rejettera.

Moi: si je ne reconnais pas tout ce que je suis, je me rejette avec tout ce que cela implique.

Humilité: grandeur de l'être dans sa majesté (magnificence)

8. L'arbre dans toute sa grandeur, épanoui. Avec toute sa prestance, il impose le respect, sans l'imposer. On le respecte sans qu'il ait rien à faire.

Nourriture de l'arbre: tout est en place. Il ne se nourrit que de ce dont il a besoin. Il inspire le respect. Il se laisse être: pommier, hêtre ou bouleau... S'il n'est pas nourri ou s'il doit lutter pour chercher de la nourriture, il essaiera de déployer ses ressources pour déloger, pour étouffer les autres espèces.

Nourriture de l'enfant : tout est en place. Maintenant qu'il est adéquatement nourri par son environnement (parent, milieu), il ne cherche pas à combler ce dont il ne manque pas ; donc, il ne manque de rien. Il développe une grande simplicité d'être. S'il ne peut être, il lutte en développant des comportements inadéquats : égoïsme, tricherie, mensonge...

Moi : si je m'autosuffis, m'autonourris, « je suis » en toute humilité. C'est l'accomplissement avec tout ce que cela suppose.

ÉPILOGUE

Quelqu'un doit changer pour que l'humanité puisse changer. Et ce quelqu'un, c'est vous qui, non pas par hasard, êtes en train de lire ce livre.

N'attendez pas que cela vienne des autres. Soyez un pionnier qui amorce ce mouvement vers l'harmonie, l'amour dès êtres pour eux-mêmes et pour les autres.

Cet ouvrage est un outil de guérison relationnelle ; il permet de comprendre la cause des souffrances et d'en apporter la solution.

Être parent est un privilège.

Jean-Pierre Gagné

TABLE DES MATIÈRES

Achevé d'imprimer au Canada
sur papier Enviro 100% recyclé
sur les presses de Imprimerie Lebonfon Inc.

certifié   procédé   100 % post-   archives   énergie
sans   consommation   permanentes   biogaz
chlore